겨울-나무로부터 봄-나무에로

문학과지성사에서 펴낸 황지우의 시집

새들도 세상을 뜨는구나(1983; 개정판 1993)
게 눈 속의 연꽃(1990; 개정판 1994)
어느 날 나는 흐린 주점에 앉아 있을 거다(1998)
나는 너다(시인선 R 2015)

문학과지성 시인선 R 20
겨울−나무로부터 봄−나무에로

펴낸날 2025년 6월 18일

지은이 황지우
펴낸이 이광호
주간 이근혜
편집 김필균 이주이 허단 윤소진 유하은 최은지
마케팅 이가은 허황 최지애 남미리 맹정현
제작 강병석
펴낸곳 ㈜문학과지성사
등록번호 제1993-000098호
주소 04034 서울 마포구 잔다리로7길 18(서교동 377-20)
전화 02)338-7224
팩스 02)323-4180(편집) / 02)338-7221(영업)
대표메일 moonji@moonji.com
저작권 문의 copyright@moonji.com
홈페이지 www.moonji.com

ⓒ 황지우, 2025. Printed in Seoul, Korea

ISBN 978-89-320-4416-3 03810

이 책의 판권은 지은이와 ㈜문학과지성사에 있습니다.
양측의 서면 동의 없는 무단 전재 및 복제를 금합니다.

문학과지성 시인선 R 20

겨울-나무로부터 봄-나무에로

황지우

시인의 말

징검다리 ─ 돌 하나(1983년), 돌 둘(1985년)을 놓아
내 갈 길을 만든다.
이 길은 어디로 향해 있는가.
이 길은 외로운가.
위험한가.
내 발목을 거는 세찬 물살, 이제 시가 나의 운명이라고
말해야 하나.
내가 던지는 이 고통스러운 돌이 너무 깊은 데 들어가
발 디딜 곳이 없지나 않을지.

1985년 초여름
황지우

몇 군데 고치고 싶은 것을 참았다. 실수와 실패도 나의 역사이리라. "이렇게라도 쓰지 않으면 미쳐버릴 것 같은 광적인 필연성으로 나는 썼다"라고 어느 글에서 밝힌 바 있지만, 이제는 그 낯 뜨거운 불온성과 음탕마저 그립다. 1985년 민음사에서 펴냈던 시집을 다시 받아준 문학과지성사에 감사드린다.

2025년 유월
황지우 합장

겨울-나무로부터 봄-나무에로

차례

시인의 말

그들은 결혼한 지 7년이 되며 11
14시 30분 현재 18
꽃말 20
1983년/말뚝이/발설 23
뱀풀 25
「뱀풀」의 시작 메모 26
1960년 4월 19일·20일·21일, 광주 27
오늘날, 잠언의 바다 위를 나는 37
벽 3 38
마침내, 그 사십대 남자도 43
아, 이게 뭐냐구요 47
똥개의 아름다운 갈색 눈동자 50
「상징도」 찾기 51
오늘 오후 5시 30분 일제히 쥐(붉은글씨)를 잡읍시다 54
버라이어티 쇼, 1984 55
비 오는 날, 유년의 느티나무 65
우리 아버지 68
다이쇼(大正) 15년 10월 11일, 동아일보 71
무등(無等) 78
꽃피는, 삼천리금수강산 79

겨울-나무로부터 봄-나무에로 81
최남단의 자작나무 앞에서 83
착지 85
사춘(思春)의 강가에서 87
잠든 식구들을 보며 89
소설, 이상한 전염병 95
근황 100
박쥐 103
바퀴벌레는 바퀴가 없다 108
도화(桃花) 나무 아래 112
닭장 115
근작 시 「닭장」을 위한 시작 메모 118
아침 산 119
나무는 단단하다 120
또 근황 121
아내의 편지 122
밤 병원 126
참꽃 129
담양 131
서울로 띄우는 엽서 한 잎 132
잠자리야 잠자리야 133
대밭에 드는 푸른 월색 135
삶 136
논 137
그리움 138
노숙 139

수북(水北)을 떠나며 140
대흥사(大興寺) 봄밤 141
은하 속의 해동 전라남도, 해남 이길남 씨 집 뜨락 142
비닐 새 144
그대, 부재를 위한 메모 145
호박등 147
종로, 어느 분식점에서 아우와 점심을 하며 149
나의 누드 152
윤상원 156
들풀 158
돌아온 사월 159
어느 벗의 결혼식에 가서 163
봄 바다 165
출가하는 새 167

해설 | 동시대적인 것들의 '엑스폼' · 이광호 168
기획의 말 185

일러두기

1. 이 책은 『겨울-나무로부터 봄-나무에로』(민음사, 1985)의 복간본이다.
2. 맞춤법과 외래어 표기 등은 현행 국립국어원 규정을 기준으로 삼되 띄어쓰기 및 문장부호 등은 문학과지성사 자체 규정을 따랐으며, 초판 발행 당시의 오기는 저자의 확인을 거쳐 바로잡았다.
3. 작품의 분위기에 영향을 준다고 판단되는 시인 특유의 어휘, 사투리나 구어체 표현, 의성어·의태어 등은 저자의 의도를 살려 그대로 두었다.

그들은 결혼한 지 7년이 되며

그들은 결혼한 지 7년이 되며, 아들 제771104-156282호와 딸 제790916-244137호가 있다.

애들아, 지금까지 어디 있었니? 나는 너희들을 사방에서 찾았단다.

먹이와 교양을 찾아, 해골 표시가 있는 벼랑까지 갔다 왔어요. 학교 가기 싫어요.

서울대학교 정치과 졸업생들은 동창회를 미국에서 한대. 부디 몸조심하여라.

나는 그가 남을 헐뜯는 것을 단 한 번도 들어본 적이 없다. 이것만은 내가 자신 있게 말할 수 있다.

그녀는 일본에 가본 적이 없지만, 마치 모국어인 양 거의 완벽하게 일어를 말한다.

나는 UHF 방송을 즐겨 청취한다. 특히 〈자연의 신비〉와 같은 프로에서 나는 알바트로스 새가 어떻게 암컷 수컷을 찾고 교미하고, 새끼 낳고, 겨울을 나고, 봄에는 마젤란 해협으로 돌아오는가를 유심히 보았다.

일주일 전 그 집 대문 앞에 '조선일보 사절'이 붙어 있었는데, 오늘 아침 그 집 대문 앞에는 '조선일보 절대 사절'이라고 붙어 있었다.

   가령 know, see, hear, love, hate 등과 같은 동사는 진행형을 사용할 수 없습니다. 주부 여러분, 이건 다만 관습일 뿐이죠.

   지난주부터 눈이 내리고 있다. 우리나라에는 대개 요즘 눈이 많이 내린다.

   나는 검열을 두려워한다.

   틀림없이, 그를 어디선가 본 적이 있는데, 그가 누군지 도무지 생각이 안 난다.

   내 친구 가운데 한 사람, 이명수란 놈은 정관수술을 한 뒤로 부쩍 술을 더 마신다.

   아 겨울이 가고 드디어 또 가을이 왔다.

   나의 풍자는 절망으로부터 오고, 나의 절망은 열망으로부터 오고, 나의 열망은 욕망으로부터 오고, 나의 욕망은 生으로부터 온다. 이 生으로부터 이성(理性)에 이르는 가느다란 실핏줄이 내 시의 가계(家系)다.

   택시 운전수가 그러는데, 서울의 부자들이 모여 사는 동네에는 경상도 사람이 많다고 한다. 나는 이 말을 이해할 수가 없다.

그래도 소설가 김성동 씨가 백병원에서 어제 퇴원했다는 사실을 문인 동향란에 몇 자라도 써 넣은 그 기자는 한국문학을 사랑하는 사람이다.

아침 9시 10분 고속버스로 떠나면 오후 1시 40분까지는 광주에 도착할 수 있을까요?

자꾸 배가 튀어나와서 큰일이에요. 배 나오면 빨리 죽는다고 신문에도 나와 있던데, 말은 않지만 만나는 사람들은 나의 단명(短命)을 보고 있는 것 같아요.

당신들은 변화를 싫어하죠?

코미디언 이주일의 주무기는 혐오감이다. 그것이 혐오감이냐 열등감이냐에 따라 70년대 배삼룡 코미디와 구분된다.

〈나는 소년이고 너는 소녀다.〉(이젠 나도 털이 났단 말이에요, 어머, 흘러요.) 〈이것은 나의 잉크이고 저것은 나의 펜이다.〉(이것은 나의 피이고 저것은 나의 영혼이니라.) 〈탐은 윤호의 친구다.〉(우린 혈맹관계라니까!) 〈칠판 앞으로 나오너라.〉(이것이 '이데올로기의 시작'이며 교리문답이다. 답을 말하라.) 〈다시 너의 자리로 돌아가 앉아라.〉(땅끝까지 복음을 전파하라, 물들여라.)

ʼΕν ἀρχῇ ἦν: ὁ λόγος — ΚΑΤΤ ΙΩΑΝΝΗΝ, 1-1

왜 이러실까? 좀 놔주세요. 아파요. 왜 이래요? 아이 짓

굿어. 이 손님은 왜 이러니?

스포츠는, 필사적으로, 정치적이다.

마, 오늘에 이러한 눈부신 번영을 우리가 이룩하게 된 것은, 어디까지나 김성철 회장님의 뛰어난 영도력과, 마, 엣또,

3회 2분 13초 만에 박종팔의 오른쪽 훅에 걸려든, 필리핀의 에드워드 가라시아 선수는 '극동 프로모터'라고 씌어진 링 바닥에 벌렁 누워 일어날 줄을 모른다. 원, 투, 스리, 포……

이것은 필리핀의 미래의 카운트입니다. 형제자매 여러분, 그러므로 우리는 다 함께 인류의 재난에 대해 참회하고 천주께 기도합시다. "천주께 기도합시다"(회중 일동)

글쎄요. 이제 좀 살 만해져서 그런지요, 신앙은 하나쯤 필요할 것 같더라구요. 의지할 게 있어야죠. 일주일에 한 번 정도 와서 앉아 있으면요, 마음도 깨끗해지구요, 뭐랄까, 말하자면 일종의 영혼의 드라이클리닝이라고나 할까요?

행복은 TV 광고 속에나 있다.

우리나라 모든 사람들이 공평하게 거기에 이를 순 없나요?

유학 나가는 친구들 출영했다. 김포공항 광장을 걸어 나올 때 직면하던 그 이상한 패배감 같은 것도, 그러나, 사우디 나가는 노동자들이 5열 종대로 '앉아 번호' 하던 광경을 생각하면, 사치다.

이렇게 쓸쓸한 곳에서, 오지 않는 미래를 오래 기다리게 해서, 아내여, 미안하다. 아무래도 당신은 나를 잘못 따라온 것 같다. 줄이 안 보인다.

"소득 격차 더 커졌다" 26일 경제기획원이 조사한 「82년도 도시가계연보」에 따르면 전국 도시 근로자 중에서 소득이 낮은 순서대로 따져서 20%에 해당하는 제1그룹(월 소득 23만 6천8백73원까지)은 월 평균 1만 5천7백40원의 적자 생활을 하고 있는 것으로 나타났다. 이에 반해 고소득층으로 갈수록 흑자 폭이 커져 최상위 20%(60만 4천 원)의 소득 계층은 월 평균 15만 5천6백76원의 흑자 가계를 꾸려가고 있는 것으로 나타났다.

한 사회의 쾌락과 고통의 총량은 에너지 보존의 법칙과 일치한다. 그러나 다음 도표는 그 법칙의 내구력에 대한 격심한 의문을 표시한다.

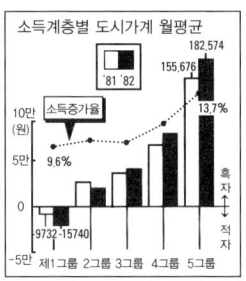

자료:『중앙일보』 1983년 8월 26일 자

여보, 연탄보일러가 또 고장 났나 봐요. 물을 부으면 붓는 대로 들어가요. 파이프가 어디서 새나?

만약 내일 비가 오면, 나는 떠나지 않을 것이다.

그러나, 레이건 미 대통령의 11월 아시아 순방 계획에는 변동이 있을 수 없다고, 백악관 대변인은 어제 기자회견에서 밝힌 바 있다.

등에다 칼을 꽂다니!(라멘토소) 양민에게 군인이 무기를 사용한 것은 명백히 바바리즘이다!(비바체) 소련의 만행을 규탄한다!(데크레셴도)

비 오는 날의 여의도는 섬이다.

비가 개고, 5천 원짜리 생일 케이크에서 뜨는 무지개—

아이들은 박수를 치고, 환호하며, 야단법석이다. 아이는 자기 수명의 촛불을 후욱 불고, 가느다랗게 피어오르는 목숨의 흰 그을음을 바라보고 있는 결혼한 지 7년이 되는 부부 ─ 이왕 태어났으니, 건강하게만 자라다오. 2세들이여, 너희들 시대는……, 선(善)한 시대여야 한다.

14시 30분 현재

가상 적기 수대가 우리의 대도시로 오고 있습니다. 국민 여러분은 대피호로 안전하게 대피해주십시오. 뚜우— 뚜우— 시청 앞 나오십시오. 네, 여기는 시청 앞입니다. 시민들은 차에서 내려 질서 있게 지하도로 달려가고 있습니다.

찬아, 옛날 옛날에 양치기 소년이 살았단다. 걔가 마을 사람들을 미워하는 것은 아니었단다. 늑대가 오지 않는다고도 생각하지 않았단다. 겁주려고 그런 것은 더욱 아니었단다. 단순히 경보였단다.

여기는 부산입니다. 여기는 대굽니다.
여기는 광줍니다. 여기는 목폽니다.
여기는 대전입니다. 여기는 인천입니다.

찬아, 저기 손바닥만 한 땅이 우리나라 땅이란다. 내려다보이니, 산천초목, 개미 새끼 그림자 하나 꼼짝 않는 이 순간의 저 땅이 우리나라란다. 저기다가 무얼 던지겠니? 눈물 한 방울? 피 한 방울? 점점이 박힌 학교와 교회, 외국 대사관과 세무서와 파출소, 시장과 골목에서 네가 『사회생활』과 『국민윤리』를 배우며 자라날 우리나라. 울고 들어오는 너에게 싸우지 말라고 꾸짖는 너의 엄마가 물려준 너의 모국. 14시 30분 현재.

꽃말

식물학 교수 박두식 씨(48)는 중병이라 했고,
의학협회 회장 이해만 씨(57)는 단순히 생리적이라 했다.
우려스럽다고 하는가 하면
우려할 만한 일이 아니라고도 했다.
민영방송 엠비시 기자는 명륜동 대학가 앞 상인에게
마이크를 들이댄다.
푸른 안개 자욱한 춘계 캠퍼스를,
적진에서 적진으로
보여준다. 노란 가래침을 뱉는 개나리꽃.
가정주부 안정숙 씨(34)는 "불안해요"라고 말했고,
택시기사 김상훈 씨(42)는 "국민의 한 사람으로서……"
걱정된다고 했다.
누르기만 하면 스테레오타입 카세트테이프에서 말이 나왔다.
신문이 말하는 시계(視界) 제로에 대해
치안본부는 절대로 고문한 사실이 없다고 발표했다.
고통의 배기통이 꽉 막힌 버스가 급정거했다.
급격한 우회전은 승객의 머리를 좌경화시킨다는 걸 몰

라요?

    기회에 민감하다는 하마평을 받고 있는 한 온건론자는 말했다.

    『중심의 상실』을 쓴 예술사학자 한스 제들마이어 씨는 나치 협력자였다.

    4·19세대, 정부 여당 관념조정부장 김익달 씨(44)는

    수유리 묘소에 헌화했다. 대리석 속의 상한 이름들.

    생채기에서 꽃잎을 밀어내는 진달래.

    상흔은 치유를 위해서 있다는 말로 그는 기념사에 갈음했다.

    그는, 정치적 위생 관념을 강조했고

    이성을 강조했다. 비위생적인 것에 대한 대안은 주문제 식단이었다.

    이성의 기념 케이크 속에 방부 처리된 이스트.

    살아 있는 것은 모두 보균자였다.

    주한 미군사령관 스튜어트 씨의 '들쥐' 발언은 사실과 다름이

    공식적으로 밝혀졌고,

한국인의 의식을 도굴한, 의식의 고고인류학자 이언영 씨(52)는

일본 독자들이 더 좋아한다. '오프 더 레코드'를 요구하고,
한국인은 누르면 눌린다고 누군가 말했다.
보다 의심스러운 것은 배후였다.
불타는 부산 미문화원의 배후에 구경꾼들이 몰려들고
대다수의 다수는 구경꾼일 뿐이었다.
액션, 스펙터클과 서스펜스. 개봉 박두. 이게 현대 한국 정치사다.
미 국무성에서는 논평을 거부했다.
다만, 20일 자 사설이 '희망' '헌신' '사랑' '우정'의 꽃말에 '반공' '친미' '합의' '단언'이라는 흰 팻말을 박았다.
자물쇠에 꽂힌 열쇠, 꽃말.

1983년/말뚝이/발설

워어메 요거시 머시다냐/요거시 머시여/
응/머냔 마리여/사람 미치고 화안장하것
네/야/머가 어쩌고 어째냐/옴메 미쳐불
것다 내가 미쳐부러/아니/그것이 그것이
고/그것은 그것이고/뭐 그것이야말로 그
것이라니/이런/세상에 호랭이가 그냥/컉/
무러가불 놈 가트니라고/야/너는 애비
에미도 없냐/넌 새끼도 없어/요런/호로
자식을/그냥 갖다가/그냥/컉/워매 내 가
시미야/오날날 가튼 대맹 천지에/요거시
머시다냐/응/머시여/아니/저거시 저거시
고/저거슨 저거시고/저거시야말로 저거
시라니/옛끼 순/어떠께 뒷깜시 가미 그
런 마를 니가 할 수 잇다냐/응/그 마리
니 입구녁에서 어떠께 나올 수 잇스까/
낫짝 한번 철파니구나/철파니여/그래도
거시기 머냐/우리는/거시기가 거시기해
도 거시기라고 미더부럿게/그런디이/머
시냐/머시기가 머시기헝께 머시기히어부

럿는디/그러믄/조타/조아/머시기는 그러
타 치고/요거슬 어째야 쓰것냐/어째야 쓰
것서어/응/요오거어스으을

뱀 풀

독뿜고혓바닥내미는입
속으로가시돋친푸른잎

몸바치고뺨맞고우는맘
마음없고세상텅텅빈몸

섬광의무지개드리운날
엄살의면류관피보는살

살려주세요오한번만더
갈곳이없어어느곳도더

「뱀풀」의 시작 메모

  顔回 見仲尼, 請行. 曰, "奚之?" 曰, "將之衛." 曰, "奚爲焉?" 曰, "回聞衛君, 其年莊, 其行獨, 輕用其國, 而不見其過, 輕用民死, 死者以國量乎澤若蕉, 民其無始矣, 回嘗聞之夫子曰, "治國法之, 亂國就之, 醫門多疾." 願以所聞思其則, 庶幾其國有瘳乎.

— 장자, 「인간세(人間世)」에서

  "가지 마라, 回야, 너 거기 가면 네가 처형당한다는 걸 모르고 한 소리니? 욕망 앞에서 지혜란 불 앞에서의 얼음이야"

  "그렇지만, 사부님, 불 앞에서의 얼음도 제 운명입니다"

1960년 4월 19일·20일·21일, 광주

 그날은 오후반이어서 오전 11시쯤 란도셀을 메고 등교하던 나는, 계림동 기차 건널목을 돌아, 막 계림극장 앞을 지나갈 무렵이었지요. 나는 난데없이, 거리로 뛰어나온 수천 명의 광주고생·광주상고생·사레지오고생 들이 도열을 지으며 모자를 손아귀에 쥐고 번쩍 들며 대한민국 만세를 부르며 광주중앙국민학교 쪽으로 움직이던 데모대에 휩쓸려 가고 있었지요. 그때는 무슨 영문인지도 모르고, 턱에 수염 난, 아저씨들 같은 고등학교 학생 형님들이 목에 핏줄이 드러나도록 목청껏,

        이승만은 물러가라!
        자유당은 자폭하라!

함성을 지르고, 연도의 수많은 광주 시민들이 학생들에게 박수를 쳐주고, 하던 것들이 그저 신이 난 대열 한가운데에 끼여, 국민학교 2학년 어린이의 작은 보폭으로 철없이 따라갔지요. 그러니까 말하자면 나는 만 8세 때, 영광스럽게도, 나중에 역사책에 나오는 그 현장에, 그 소요에, 그 혁명에

우연히, 있었지요. 말 탄 나폴레옹 그림이 그려진 나의 란도셀 속에는 국어책, 국어 공책, 산수책, 산수 공책, 자연책, 자연 공책, 사회생활책, 사회생활 공책, 음악책, 짝짝이, 병아리표 크레용, 도화지 두 장, 필통, 자가 들어 있고 아침에 깎아 넣은 연필들이 화란 풍차 그림이 든 철갑 필통 속에서 달그락거리고 있었지요. 나는 군대 담요 색 당꼬바지를 입고 있었는데, 대열이 동명동 광주형무소와 전남여고 사이에 흐르는 동문다리 개천으로 구부러져 들어갈 때였을 거예요. 히말라야소나무 숲으로 우거진 전남여고 앞에서 검정색 제복을 입은 일단의 순경 아저씨들이 곤봉을 쓰윽 빼 들고 대열 앞을 가로막자, 수천 명의 광주고생·광주상고생·사레지오고생 들이 그 자리에서 너나없이 스크럼을 짜고

독재 타도 독재 타도
독재 타도 독재 타도
독재 타도 독재 타도
독재 타도 독재 타도

를 외치며 발을 맞추는 사이에, 나는 스크럼을 짜기엔 키가 너무나 작아서 대열에서 빠져나와야 했지요. 대열은 그대로 경찰 저지선을 밀어버렸지요. 나는, 곤봉으로 맞아 이마에 피가 주르륵 흐르는데도 손으로 그것을 싸매고 교복 단추가 모조리 떨어져 나간 채 그대로 앞으로 나아가는 광주고생·광주상고생·사레지오고생 들을 보았지요. 싸움은 어린이들만 하는 것이 아니라는 것을 보았으나 어른들이 왜 싸우는지는 알지 못했지요. 전남여고의 프러시아식 지붕에서 놀던 비둘기 떼가 일제히, 화다다닥 날개를 부채질하며 히말라야소나무 숲 위를 날아갔지요. 교복 손목에 예쁜 흰 줄이 세 개 달리고 어깨 등에 해군 수병들이 다는 것과 같은 마골러가 부착된 전남여고 누님들이 치마에 돌을 싸 가지고 교문으로 쏟아져 나오니까, 광주고생·광주상고생·사레지오고생 들은 와아, 박수를 치고 전남여고 만세 대한민국 만세를 부르고, 어느새 전신전화국 쪽에는 경찰을 가득 태운 트럭들이, 소방차들이 속속들이 들이닥치고,

이승만 독재정권의 하수인들아, 당장 길을 비켜라!

경찰도 우리 편에 서서 민주주의를 위해 함께 싸우자!

고함이 깃발처럼 일고, 드디어 소방차에서 이쪽으로 물줄기가 머리 든 뱀처럼 뻗어 오고, 이쪽에선 그쪽으로 돌멩이가 운동회 보자기 던지기 할 때처럼 새까맣게 날아가고,
나는 겁이 나서 뒷길로 줄행랑쳐서 학교로 들어갔지요. 교실은, 흡사 여름날 처마 밑에서 귀에 손고둥을 만들어 소낙비 소리를 들을 때와 같이, 눈앞에서 막 떠나갈 듯했지요. 우리 반 아이들은 제각기 자기가 본 것들을 늘어놓고, 평소에 자기 아버지가 검사라고 주변의 힘없는 우리들을 괄시하던 내 뒷자리의 임동현이란 놈도 신이 나서 자기 집 장동 쪽에서 광주공고생·광주여고생·조대부고생 들이 소방차를 뺏어 타고 도청 쪽으로 진격하던 장면을 이야기하고, 우리들의 계집애 짝꿍들은 무섭다고 훌쩍훌쩍 짜고 있고, 임동현과 나는 이 겁쟁이들!을 한 번씩 쥐어박아주고, 임동현은 책상 위에서, 나는 걸상에서 제자리걸음으로 뛰면서 번갈아가며,

독재 타도 독재 타도 독재 타도 독재 타도 독재 타도

한창 까불어대고 있는데, 그때사 김현숙 담임선생님이 검지손가락을 입술 한가운데 꼿꼿하게 세운 채 조용히, 조용히, 들어오데요.

우리 반 아이들은 이쁜 김현숙 선생님을 따라, 칠면조 사육장 앞을 지나, 하얀 백엽상이 있는 교실 뒤뜰 화단으로 해서, 물 빠진 풀장을 끼고 후문으로 빠져나왔지요. 후문에서 김현숙 선생님은 눈물을 흘리면서 다음 가정통신 때까지 학교 나오지 말라고, 한눈팔지 말고 곧장 집으로 가야 한다고 그러시고, 후문에서 박소아과의원이 있는 광주중앙국민학교 네거리까지 상가들도 모두 양철문이 닫혀져 있고, 거리에는 무슨 푸른 연기 같은 것이 자욱했지요. 우리들은 쿨럭쿨럭 기침에다 눈물 콧물 흘리고, 그러면서도 김현숙 담임선생님이 시키신 대로 분단장 인솔하에 한 줄로 서서,

따따따 따따따 나팔 붑니다

따따따 따따따 나팔 붑니다
우리들은 어린 음악대
동네 안에 제일가지요

를 부르면서, 장난치면서, 그날 하교했지요.

 그날 저녁, 대인동 시장에서 돌아오신 우리 아버지는 학생놈들 때문에 굶어 죽게 생겼다고 역정 내시고, 우리 어머니는 학생들이 다치면 큰일이라고 걱정하셨지요. 우리 아버지는 김장철이면 장성, 비아 쪽에서 무 배추를 실어다 시장에 넘기시고, 무안에서 고구마를 실어다 넘기시고, 봄 여름엔 여수에서 멸치 갈치를 떼어다 넘기시는 장사꾼이었고요, 우리 어머니는 집에서 학생들 하숙 치고 있었거든요. 그래도 우리 아버지는, 언제나 그랬듯이 일찍 들어와 손발 씻고 제때 밥 딱 먹고 책상에 딱 앉는, 아랫방의 전남대 법대 다니는 화순 학생을 손가락질하면서, 저 친구는 데모도 안 하나, 핀잔 주었어요. 우리 어머니는, 중학생인, 우리 집 장손 민수 형과 나를 방 안에 꼼짝 못 하게 만들어놓고, 그래도 아직 안 들어온, 광주상고 3학년 다니는, 아랫방의 곡성 학생을 근심 걱정하고 앉았고요.

  그날, 밤이 되도록 시내에선 함성이 그치질 않았어요. 마침내 도청 쪽에선가 충장로 쪽에선가 금남로 쪽에선가 연발의 총성이 요란하게 들려온 것과 동시에, 우리집 식구들은 모두 마루로 뛰어나오고, 우리 어머니는 형과 나에게, 이 호랭이가 물어갈 놈들아 싸게 방으로 안 들어갈래, 소리지르면서도 앉았다 섰다 하시면서 가슴을 치고

  오매, 어째야 쓰까 어째야 쓰까, 꽃 같은 우리 학생드을—

안절부절못하고, 또다시 도청 쪽에선가 충장로 쪽에선가 금남로 쪽에선가,

땅땅땅땅땅땅땅땅땅땅땅땅땅땅땅땅땅땅땅땅땅땅

그리고 함성과 함께, 큰 불기둥이 하늘로 솟아오르는 것을, 우리 식구들은 마루에서 보았어요. 내 가슴이 콩콩 뛰고 손이 떨리고 신나고 경이로운 그날 밤, 곡성 형님은 끝내 돌

아오지 않고, 아랫방은 아까처럼 불 밝힌 채 조용했지요.

  그다음 날, 나는 봄볕을 받으며 혼자서 마당에서 구슬치기를 하고 놀았지요. 곡성서 형룡이 형님 어머니가 올라오시고, 우리 아버지는 형룡이 형님 어머니와 함께 시내 나가시고, 신문 배달 하고 돌아온 민수 형이 어머니와 나를 앉혀놓고 시내 정황을 일러주데요. 파출소란 파출소는 모두 박살 났대요. 민수 형이 궁동으로 해서 체신청과 광주경찰서 사잇길을 가는데 일단의 시민들에게 둘러싸인 검은 지프차 위에 어떤 사람이 올라가, 전 서울신문이 아니라 동아일보 기자입니다. 하니까 그제야 시민들은

      동아일보 만세! 민주주의 만세!

를 외치며, 그 차량을 손으로 밀며, 도청 쪽으로 갔대요.

  그 다음다음 날, 아들 찾으러 올라오셨던 곡성 형님 어머님과 함께 우리 아버지가 다시 시내로 나가신 후, 나는 몰래 집을 빠져나와 동네 아이들과 철도 가에서 병정놀이를 하고 놀았지요. 우리들은 엊그제 들었던 총소리를 흉내 내

면서,

땅땅땅땅땅땅땅땅땅땅땅땅땅땅땅땅땅땅땅땅땅

철도 저편 적이 죽고, 철도 이편 우리 편도 죽고, 우리들은 고지를 서로 탈환했다고 아우성치고, 서로 이겼다고 만세 부르고, 곧잘 달음박질로 시내 쪽으로 들어갔지요. 계림동 파출소는 유리창과 문짝들이 모두 깨지고 떨어져나가 있고, 기차 건널목의 차단기가 넋을 잃은 듯 하늘 높이 뎅그마니 올라가 있고 그런데, 이상하게 거리 곳곳에 군인 아저씨들이 총을 들고 부동자세로 서 있었지요. 우리들은, 누가 먼저랄 것 없이, 사회생활책에서 보았던, 북한 공산당을 무찌른, 그 용감한 국군 아저씨들 앞으로 달려가 일렬횡대로 서서 배 뚝 내밀고, 손바닥을 눈썹 위에 철썩 갖다 붙이면서, 경롓! 했지요. 우리들은, 아저씨들 가슴에 단 수류탄이랑 허리에 단 단검이랑 수통이랑 그물 친 철모랑 빛나는 일등병 계급장이랑 빤짝빤짝한 구두를 영웅적으로 숭배했지요. 우리들은, 아저씨 총 한번 쏴보세요, 네? 야아, 멋지다

칼 한번 만져봐도 돼요? 여기 진짜로 총알 들어 있어요? 하면서, 갖은 아양과 아첨을 다 떨어봤지만, 군인들은 꿈쩍도 않더구만요. 우리들은 각자 손으로 트럼본 트럼펫 수자폰 큰 북을 공중에 그려가면서,

> 따따따 따따따 나팔 붑니다
> 따따따 따따따 나팔 붑니다
> 우리들은 어린 음악대
> 동네 안에 제일가지요

를 취주하면서, 집으로 왔지요. 집에는 마루에 우리 아버지와 곡성 형님 어머니가 벌써 돌아와 앉아 계셨는데, 곡성 형님 어머니는 멍하니, 멀리, 봄 하늘 끝만 바라보고 있었지요.

오늘날, 잠언의 바다 위를 나는

그 새는 자기 몸을 쳐서 건너간다. 자기를 매질하여 일생일대의 물 위를 날아가는 그 새는 이 바다와 닿은, 보이지 않는, 그러나 있는, 다만 머언, 또 다른 연안으로 가고 있다.

벽 3

간신히 국어 선생이나 하면서 간신히 출판사나 나가면서 간신히 시 쓰고 사는 친구들과 어느 날 어느 곳에서 저녁 대신 소주를 마시다가, 그럼 우리 모두 지금 여의도로 가자 해서 여의도동 1번지 KBS로 갔다. 아아, 프로파간다의 대성전이여, 통곡의 대리석 벽이여, 고통의 소문자여, 문신(紋身)들이여.

25. 여동생: 김정순(39) 찾음
• 개성에서 정지 유치원에 다녔음
• 1·4후퇴 때 대구로 피란 나와 살던 중 3남매가 엄마와 헤어졌음
• 오빠 김우종, 여동생 인순, 정순, 셋이서 고아원에 있다가 정순이는 누가 수양딸로 데려갔는데 나중에 찾아가니 오빠 찾아 나갔다고 했음
• 어머니는 갓난아이가 있었으며 집 앞에 기찻길이 있었음
• 오빠: 김우종(42) 424-7342

8617번 차원옥은 동생을 찾씀니다.
동생은 차원실 륙십칠세(67) 별명은 세채
고향은 평북 영변군 팔원면 석성동

해방 전에 고향을 떠낫씀

형은 차원목 칠십삼세(73)

소림면에 출가하였씀

현재는 서울에 거주함

형에 전화열락처는 714-1258

어머님: 김학실(71) 언니: 이금란(54) 동생: 필녀(44) 정자(졸찌 42)

1·4후퇴 시 개성서 만나기로 함(옥순이는 군인 차로 서울로 보냄)

고향 : 황해도 수안군 수안면 하유리

※ 찾는 이 : 옥단, 옥분, 옥순(먹식이)

603-2981

찾는 사람 누님 조정님 47세

6·25 피란 시 대구에서 헤어짐

동생 조용기 아버지 조창식 큰오빠 조응섭

남동생 정섭(56)은 소문에 6·25 당시 인민군에 속해 있

었다고 함

    사촌형 김창용(58)
    사촌형 김준형(53)
    조카 김대원(53)
    고향: 만주 통화성 장백현 안민촌 풍락통
    찾는 사람: 서울 성동구 마장동 김승용
    292-6277

    찾는 사람
    1) 형님 — 이병호(승호) 66세
    2) 동생 — 상호 60세
    고향: 평남 강서군 동진면
    1) 형님은 8·15해방 시 일본으로 갔다는 소식
    2) 동생은 1·4후퇴 시 월남하면서 헤어짐
    ☆ 이태호(63세) 857-3188

동생 신문성 42세 문생이

의정부 오목이에서 살다 6·25 때
둘째 문영이가 소를 끌고 먼저
나간 것을 셋째 문성이가
데리러 나갔다가 돌아오지
않음 형 신문선 47 연락처
의정부 452-7382

셋째, 전지곤(남동생)
고향: 황해도 연백군 해성면 염전부락
6·25 때 아버지가 인천 수용소에
있을 때 첫째 오빠한테 편지가
와서 찾으러 갔는데 행방불명
셋째 오빠와 남동생 3명이
인천 고아원에서 헤어짐
전순덕 연락처: 614-3107

0861
부모 성명: 미상

오빠: 안희덕

6·25 때 부산 광안리 동산 고아원에
오빠가 데려다주었음. 고아원에
맡겨질 때 기어 나가니 오빠가 다시
업어다 주었음. 연락처 614-9248
찾는 사람 안인자 예명 김안나

⋮

마침내, 그 사십대 남자도

#1. 마침내, 그 사십대 남자도 정수가아아— 목놓아 울어버린다.

#2. 부산 스튜디오의 그 사십대 여자는 카메라 앞에서 까무라쳐버렸다.

#3. 서울 스튜디오의 그 사십대 남자는, 마치 미아가 된 열 살짜리 어린이가 길바닥에서 울 듯, 이젠 얼굴을 들고 입을 벌린 채 엉엉 운다. 정숙이를 부르며.

#4. 아나운서가 그를 진정시키려 하지만 그의 전신에는 지금 어마어마한 해일이, 거대한 경련이 지나가고 있다.

#5. 각자 피켓을 들고 방영 차례를 기다리던 방청석의 이산가족들이 피켓을 놓고 박수를 쳐준다.

#6. 카메라는 다시, 가슴 앞에 피켓을 내밀고 일렬횡대로 서 있는 사람들에게 맞춰지고— 만오천이백삼 번, 만오천이백사 번…… 황해도 연백군, 함경북도 청진…… 형님, 누님, 여동생, 삼촌, 아버지, 어머니……

#7. 체구가 작은, 한복 입은 할머니 한 사람이 피켓을 들고 하염없이, 하염없이, 눈물을 흘리며 서 있다. 카메라는, '원산서 폭격 속에서 헤어짐'을 짧게 핥고 지나버린다.

#8. 다시 화면은 가운데로 잘려서 한쪽은 서울 스튜디오, 다른 한쪽은 대구 스튜디오를 연결하고—여보세요. 성함이 김재섭 씨 맞아요? 아버지 이름이 뭐예요? 맞아요. 맞어. 재서바아, 응. 그래, 어머니는 그때 정미소에 갔다 오던 길이었지요? 미군들이 그때 폭격했잖아. 맞어, 할머니랑 큰형님이랑 그때 방바닥에 엎드려 있었는데 방 안에 총알 다섯 개가 들어왔다는 말 들었어. 맞어. 둘째 삼촌이 인민군으로 끌려가 반공 포로로 석방됐다는 소문도 있었는데, 맞지요? 맞어. 맞아요. 맞어. 재서바아. 어머니 살아 계시니? 어머니이이—

#9. 화면은, 너무나 흥분한 나머지 자기 가슴을 치며 KBS 이산가족찾기 생방송 중계 홀 중앙으로 뛰어나간 김형섭 씨를 쫓아간다. 그는 조명등이 눈부시게 내리쬐는 천장을 향해 두 팔을 벌리고 대한민국 만세를 서너 번씩 부르고 있다.

#10. 남자 아나운서와 여자 아나운서가 그를 다시 카메라 앞으로 끌고 왔을 때 그는 무슨 큰 죄라도 지은 사람처럼 계속 머리를 주억거리면서, 케이비에스 감싸함다, 정말

감싸함다, 이 은혜 죽어도 안 잊겠음다, 한다.

　#11. 남자 아나운서는, 아까 김 씨 입에서 얼결에 튀어나온, 방 안에 총알이 다섯 개 들어온 대목이 켕기었던지, 그에게 그때의 정황 설명을 요구했으나 그는 아직도 제정신이 아닌 것 같다—네 네, 그때 전 적지가 된 고향으로 돌아가 가족들을 데리고 내려오려고 했지요. 그런데, 중공군이 내려오고, 또, 이북에 원자폭탄이 떨어진다고 해서, 부랴부랴

　#12. 화면은 이제 춘천 방송국으로 가 있다. 그리고 사리원 역전에서 이발소를 했다는 사람, 문천에서 철공소를 했다는 사람, 평양서 중학교 다녔다는 사람, 아버지가 빨갱이에게 총살당했다는 사람, 일본명이 가네다 마찌꼬였다는 사람, 내려오다 군산서 쌀장수에게 수양딸을 줬다는 사람, 대구 고아원에 맡겨졌다는 사람, 부산서 행상했다는 사람.

　#13. 엄마아 왜 날 버렸어요? 왜 날 버려!

　#14. 내가 죽일 년이다. 셋째야 미안하다. 미안하다.

　#15. 아냐, 이모는 널 버린 게 아니었어. 나중에 그곳에 널 찾으러 갔더니 네가 없더라구.

#16. 누나야 너 살아 있었구나!

#17. 언니야 왜 이렇게 늙어버렸냐, 응? 그 이쁜 얼굴이, 응?

#18. 얼마나 고생했니?

아, 이게 뭐냐구요
— '전화 이야기'풍으로

  절망의 시한폭탄은 아니구요. 디 임파서블 드림예요. 가방이죠. 열어보라구요. 그러죠, 뭐. 사건은 없어요. 아, 이게 뭐냐구요. 지식인을 위한 변명이죠. 아편은 아니구요. 온건하지요. 다른 저의는 없어요, 필독서예요. 은유가 전혀 없구요. 알리바이에 대한 일종의 옹호에 불과해요. 아, 이건 또 뭐냐구요. 한국 경제의 전개 과정이죠. 이젠 굶는 사람은 없잖아요. 외채는 할 수 없어요. 1인당 70만 원이라메요. 몇 사람이라도 집중적으로 배부르게 해야죠. 그게 성장의 총량을 명시적으로 늘리는 방법이죠. 그리고 1천 달러 소득의 연자매를 끝없이 돌게 해요. 미래에의 환상은 현재의 환멸을 상쇄하죠. 잔뜩 불어넣으세요. 중진국이잖아요. 워커 대사가 뭐, 총독인가요. 그렇지만 운전수들이 영어를 너무 못해요. 필리핀 보세요. 이건 뭐냐구요. 어려워요. 오리지널이죠. Joseph Gabel, *La fausse conscience*예요. 지난번 프랑스 지사에 나간, 장사하는 친구가 보내준 건데요. 제목이 섹시해서요. 내용은, 좆도, 모르겠어요. 다만, "1945년 아우슈비츠에서 사라진 나의 어머니를 추모하며, 그리고 1968년 뉴욕에서 위로받을 길 없이 죽어간 나의 아버지를 추모하며, 나는 이 책을 모든 광신에 반(反)하여 바친다"는 헌사가, 존나게, 좋데요. 유태인들인가 봐요. 케스키들. 체제를 지지하느냐구요. 난, 사시사철 하루 24시간 내내 내 큰골에서 일어나는 사건들을 샅샅이 검열하고 있다구요. 절망이죠. 턱이 둥글고 미남형, 키 175cm가량, 서울 말씨, 이런 사람을 본 적이 나는 결코 없어요. 우리 연대에 인쇄된 문학은 이미 문학이 아니다라고 난 주장하고 싶어지네요. 나는 모든 급소마다, '노동자'는 '근로자'로, '계급'은 '계층' 혹은 '사회구조'로, '폭력'은 '물리적 힘'으로, '투쟁'은 '대립' 혹은 '갈등'으로 고쳐 번역하곤 해요. 물론예요. 전(前) 문교부 장관이 우리에게 이데올로기의 송아지 고기를 포식시켜준 건 사실예요. 거세된 고기는 부드럽잖아요. 최근, 레이건 대통령의 정치 기조에는 서부활극 같은 데가 있지 않아요. 낸시 여사와의 키스신은, 진짜, 연기라는 생각이 하나도 안 들잖아요. 씹할, 전라도년이 서울 온 지 1년도 못 되어 서울말 찍찍 쓰는 건 정말 못 들어주겠어요. 콤플렉스예요. 그래요. 이성은 1973년 10월 2일, 구(舊) 서울 문리대 동숭동 교정에서 사망했죠. 금서가 총 몇 권이죠. 세종문화회관 뒤뜰 늦가을 나뭇가지 사이로 저무는 저녁 햇살이 너무너무 황홀해요. 아까부터 왜 여기서 계속 얼쩡얼쩡했냐구요. 이승의 끝 같애요. 이제 우리들, 절망의 뇌관을 다, 제거했나요. 터질 것 같은, 우리들, 절망의 안전핀을, 절망의 노리쇠, 절망의 가늠자, 기타 등등을. 이게 뭔지 아직도 모르세요.

똥개의 아름다운 갈색 눈동자

아침에 집을 나서는데 골목 어귀에서 우연히, 똥개 한 마리와 눈이 마주쳤다. 그 똥개의 눈이 하도 맑고 슬퍼서 나는, 고개를 갸우뚱하고 그놈을 눈깔이 뚫어져라 들여다보았다. 아 그랬더니 그놈도 고개를 갸우뚱하고 나를, 눈깔이 뚫어져라 바라본다. 우리나라 봄 하늘같이 보드랍고 맑은, 똥개의 그 천진난만 ─천진무후한 각막 → 수정체 → 망막 속에, 노란 봉투 하나 들고 서 있는, LONDON FOG表, ポリエステル 100% 바바리 차림의, 나의 전신이, 나의 전모가, 나의 전 생애가 들어가 있다. 그 똥개의 각막 → 수정체 → 망막 속의 나의 이 전신, 이 전모, 이 전 생애의 바깥, 어디선가, 언젠가 우리가 꼭 한 번 만났던 생각도 들고, 그렇지 않았던 것도 같고 긴가민가하는데 그 똥개, 쓰레기통 뒤지러 가고 나, 버스 타러 핑 가고, 전봇대에 ← 田氏喪家, 시온 장의사, 전화 999-1984.

「상징도」 찾기

가문(家紋), 상징, 일종의 징후. 겉으로 나타나는 조짐. 낌새. 병, 증세 악화되다. 누구누구를 감염시키다. 감언이설; 그는 소갈머리라곤 하나도 없는 그녀를 감언이설로 속였다. 파운데이션. 미학. 파운데이션의 미학; 미라에 밀랍을 잔뜩 바르다. 거. 때깔 나네! 통조림통 속에 잠겨 있는 삼치 시체. 얼굴빛－흙빛－변하다. 그의 얼굴빛이 순간, 흙빛으로 변했다. 전한증(栓寒症, 의학용어). 비만, 비대, 문체 따위가 윤택함. 재갈이 물린 아라비아산(産) 말. 이재섭 교수는 점잖은 모임에서도 상스러운 말을 함부로 지껄인다. 그게 그의 특권을 나타낸다. 뭐? 배(胚), 꼬마, 보잘것없는 놈. 관악기의 주둥이, 하구(河口), 혹은 포구(砲口). 상선(商船)이 조심조심 해협으로 들어간다. 해적들이 나타나다. 혹은 부두에 노무자들이 일렬로 서서 기다리고 있다. 퍼뜨리다 －마구－소문; 그놈은 소문을 마구 퍼뜨리고 다녀! 악당들이 그의 머리통을 구정물 통에 처박아놓고 구정물을 퍼먹이다. 돼지같이 살만 띠룩띠룩 찌다. 중산계급으로 만들다. 즉, 속악화(俗惡化)하다, 중산계급과 결혼하다. 아이 몰라 몰라, 악마! 내 몸을 망쳐놓다니! 돈을 얼른지갑에 넣다, 모욕을 당하다, 뺨을 사정없이 얻어맞다. 꽉 막힘, 교통의 혼잡, 봉쇄. 두 탈영병들을 막다른 골목으로 몰아넣다. 금속판을 두들겨 움푹 들어가게 하는 기계, 좆대가리(속어), 지류(支流), 나무의 갈래, 아이구 가랑이가 찢어지려 한다니까, 씨벌. 하늘이 붉은, 달아오를 대로 오른. 큰불, 열정, 소요, 축제 때 터뜨리는 일루미네이션. 불붙다, 흥분시키다. 사랑에 빠지다. 포옹, 입맞춤, 동침, 커튼 줄. 즉, 빤스 끈. 입 맞추다, 선택하다, 기독교를 신봉하다. 틈만 나면 입 맞추려고 하는 사람. 벽의 푹 들어간 부분, 여자의 생식기. 고기 토막을 꼬챙이에 꿰다. 칼 따위로 자기 몸을 찌르다, 서로 찌르다. 분규,

혼란, 대혼란, 대혼잡. 머리를 헷갈리게 하기, 어리둥절하게 하여 속이기. 자생적 마르크스주의의 분서갱유. 미친 개─몽둥이─때려잡다. '**미친 개는 몽둥이로 때려잡자**'─'반공청년연맹' 씨를 말리다. 멸종, 박멸, 완전 소독. 사슴이 숲으로 도망가다, 매복하다. 매복, 매복조, 계략, 복병. 누구누구를 함정에 빠뜨리

오늘 오후 5시 30분 일제히 쥐(붉은 글씨)를 잡읍시다

벽 4

1984년은 쥐띠 해이다

재앙의 날들이여

조금만 더

조금만 더

버텨다오

버라이어티 쇼, 1984

저 새끼가 죽을라고 환장을 했나. 야 새끼야 눈깔을 얻다 뜨고 다녀?/뭐 새끼야? 이 새끼가 얻다 대고 새끼야 새끼야 나발 까는 거야? 좌회전 차선에서 영업용 택시 운전수와 자가용 운전자(ah, he owns a Mark V GXL Ford)가 손가락을 하늘로 찔러대면서 악쓴다.

하늘 높이, 아니 하늘 높은 줄 모르게, 교회 첨탑이 솟아 있다. 빨간 네온사인 십자가가 빨간 네온사인의 '영동 카바레' 위에 켜져 있다. 무슨 통신사 안테나 탑 같은 게……, 늦은 밤까지 어떤 썩을 놈의 영혼들과 교신 중인지.

못 믿겠어. 그들의 '약속의 땅'으로는 들어가지 않겠어. 침략자들!

노래야 나오너라 궁자작 짝짝/안 나오면 쳐들어간다 궁자작 짝짝/엽저언 여얼다앗 냐앙

나의, 문학, 행위는 답이 아니라, 물음이, 다. 속, 없는 질문이, 며 덧없는, 의, 문이, 다. 끝, 없는 의혹이, 며 회의이며……끝없는의혹이며회의일까?

그대의 의혹과 회의를 축하합니다(풍자적으로) ─ 제12회 상록수문학상 시상식에서. 이상하다. 그녀는 이 말이

전혀 진심으로 오지 않는다. 꽃다발을 받고 원로 문인들과 기념 촬영도 하고 신문사에서 인터뷰도 따 가고 했는데도 그 여류 시인은 집으로 돌아올 때는 공허해서 미칠 것만 같았다. 강간당하고 온 기분이었다.

미스 리는 옷을 홀라당 벗고 먼저 이불 속으로 들어갔다.

그리고 창틈의 아침 햇살이여. 환한 먼지들이여. 환멸이여, 환멸이여. 죽고 싶도록, 죽이고 싶도록!

오늘 아침 버스를 타는데, 뒤에서 두번째 오른쪽 좌석에 누군가 한 상 걸게 게워낸 자국이 질펀하게 깔려 있었다. 사람들은 거기에 서로 먼저 앉으려다 소스라치면서 달아났다. 거기에는, 밥알 55%, 김치 찌꺼기 15%, 콩나물 대가리 10%, 두부 알갱이 7%, 달걀 프라이 노른자위 흰자위 5%, 고춧가루 5%, 기타 3% 순으로.

천지신명이시여, 이게 우리의 지상의 양식이랍니다. 퍼부어주세요. 퍼먹여주세요.

그러면 농수산부 장관, 나와서 답변하시오. 도대체 추곡 수매가를 인상 못 하는 이유가 머시오? 이제 와서 어디다 안면 내세울 것도 없는 국민당의 ㄱ의원이 단상을 치고 핏대를 세우고 아무리 언성을 높여보니, 농촌은 그들의 과거이고.

　야! 그렇다고 이렇게 놔두면 어떡허니? 뒤에서 두번째 왼쪽 좌석에 앉은 사십대 중년 신사가 다소 신경질적으로 언성을 높인다. 답변 대신, 안내양은 뒤에서 두번째 오른쪽 그 자리를 신문지로 덮어두고만 간다.

　시위 서울대생 4명 구속 : 서울 관악경찰서는 15일 교내에서 시위를 주도한 서울대 4년 김영수(22, 수학과) 이혜자(21, 생물학과) 허희영(23, 신방과) 신윤호(22, 지리학과) 등 4명을 집회 및 시위에 관한 법률위반행위로 구속했다. 김 군 등은 지난 11일 상오 1시 40분쯤 도서관과 학생식당 주변에서 「민주학우투쟁선언문」이라는 반정부 유인물 1천여 장을 뿌리며 시위를 주동한 혐의다.

　아버지, 어머니, 죄송합니다. 그 맨가슴에다 못을 박습니다.
　거봐! 그러니까 내가 뭐래든.
　이번 대형 금융 부정 사건은 정부 고위층과 아무런 관련이 없다고 검찰총장이 발표한 이상, 이번 대형 금융 부정

사건은 정부 고위층과 아무런 관련이 없

　?

　이런 부호 하나 찍을 줄 모르는 신문이 신문(新聞)이냐? 관보(官報)냐?

　뭐 말이 많아, 짜식들 말야! 조져! 무조건 먼저 조져놓구 보라구!

　하하하하하하하하하하하하하하하하하하하하하

　그는 얼굴 한번 움직이지 않고 소리로만 웃는다 철가면 철면피.

　40 넘은 어느 영화감독이 여중 2학년짜리를 임신시킨 일이 있었잖아—야아, 그게 그 속에 어떻게 들어갔을까? 들어갈 수 있었을까?

　모든 현실은 지옥이다. 그때마다.

　특히, 제3세계 신생국들 가운데 일반화되었던 '일당독재 현상'은 그들의 반식민주의·반제국주의 투쟁의 역사 위에서 정당화될 수 있다, 없다, 있다, 없다, 그렇다 없다, 아니다 있다, ……

　어제, 한국정신문화연구원에서 주최한 모 세미나에 패널

토론자로서 5인의 국립대학 교수들이 참석했다.

대학병원 정신병동 창가─붉은 제라늄이 피었다가 팍 사그라든다(F·O). 이 세상의, 아무리 하찮은 꽃일지라도, 거기에는 어떤 정신 같은 것, 혹은 어떤 정령 같은 것이 있을 것이다. 붉은 제라늄에게는 붉은 제라늄의 정신, 혹은 붉은 제라늄의 정령이 있을 것이다.

정신 좋아하시네! 무슨 얼어 죽을 정신이냐, 정신이긴.

박노석. 23세. 선반공. 월 수입 10만 원. 그는 기름 묻은 손으로 고구마덴뿌라를 집어 먹는다. 그의 손톱에 까만 때가 끼어 있었다. 그것이, 그것을 바라보고 있던 이선영(21세, 이대. 식품영양학과 3년)에게 혐오감을 주었다. 튀김집 아줌마가 새 튀김을 가져다줄 때까지 박노석은 덴뿌라를 어그적어그적 씹으면서, 여대생으로 보이는 그 여자를 뚫어지게 꼬나보았다. 이선영은 기분이 완전히, 잡쳐버렸다. 금방 씹어 먹을 것 같은 그의 적의 어린 시선 앞에 자기 몸이 구석구석 남김없이, 속속들이, 발가벗겨지는 것 같은 느낌이 들었다.

20년 후─에도 그의 아들이 그녀의 딸을 그렇게 만날까?

슈퍼마켓 양쪽 벽이 다 거울이다. 한쪽 거울이 다른 쪽 거울을 감시하고 다른 쪽 거울은 감시하는 한쪽 거울을 감시하고 한쪽 거울은 또 그것을 감시하고 또또또 감시하고……

임제(臨濟) 스님은 선상(禪床)에 앉았다가 내려와서 한 손으로 좌견(坐見)을 거두어 들고 다른 한 손으로 마곡(麻谷) 스님을 잡고서 물었다. "십이면관음은 어디로 갔니?" 마곡 스님이 몸을 돌려 승상(繩床)에 앉으려고 했다. 임제 스님은 주장자(柱杖子)를 잡고 그대로 후려갈겼다. 마곡 스님도 그것을 맞잡은 채 서로 붙잡고서 방장(方丈)으로 들어갔다.

지하철 공사장 입구에 자동인형 인간이 붉은 손전등을 좌우로 흔들고 있다. 밤 11시가 넘도록 하염없이 좌우로 흔들고 있다. 공사 중. 추락 주의! 지하 20M

어느 날 어느 때를 위해 지상의 삶을 일체 지하로 대피시키도록!

이건 하나의 가정인데요, 만약, 만약에 말입다, 내가 이 말을 끝내자마자, 지금 당장 핵폭탄이 서울 상공에 떨어진다면 그때, 당신은 어떻게 행동하시겠습니까?

예비군 훈련 때 배운 대로 화생방 수칙을 지키겠다.

가만히 앉아 있겠다.

기도를 해본다.

'내일 지구가 망한다고 하더라도 오늘 나는 한 그루 사과나무를 심겠다'는 심정으로 면도를 한다.

속옷을 갈아입는다.

부모님 계신 고향을 향해 절을 한다.

새끼들을 껴안겠다.

꼬불쳐둔 양주를 마신다.

마누라랑 최후로 한코 하겠다.

그렇다면 핵이 귀하의 상공에 적재되어 있다는 사실을 귀하는 알고 계십니까?

날이면 날마다 밤이면 밤마다 그걸 알면서도 모르면서, 모르면서도 알면서, 알면서도 말 못 하면서, 끈덕지게 달라붙어서 진물을 빨고 있는 1천만 마리의 딱정벌레들. 날마다. 밤마다. 화염 아래의 눈먼 삶. 가련한, 가련한, 가련한, 아 가련한

우리가 모두 한꺼번에 죽는다면 우리에게, 죽음은 없다.

이십대 여인의 등에 업힌 생후 3개월짜리 갓난아이를,

젊은 탁발승이 경멸적인 눈꼬리로 쏘아보고 있었다. 욕정의 더러운! 사타구니에서 연꽃처럼 화사하게 피어난 사람의 애벌레. 갓난아이는 세상모르게, 세상을 두리번거린다 (1984. 1. 31. 강남 터미널 귀성객 대열에서. 전주행 차를 기다리면서).

그러나 바로 그 욕정이 인류를 떠받치고 있어.

종삼(鐘三). 피카디리 극장 간판에는 유명한 우리나라 여배우가 노골적으로 가랑이를 짜악 벌리고 있는 그림이 그려져 있다. 연 3개월간. 우측 하단에는 그녀가 벌거벗은 남자의 상체를 끌어안고 요동치는 신도 있다. 눈을 감고 입을 쩌억 벌리고 헐떡거리며 신음을 쾍쾍 지르며. 한 시대의 삶과 문화 전체가 포르노그래피일 때 우리가 식은 새벽 땅바닥에 엎드려 시를 쓰는 이것은 무슨 짓이냐? 무슨 짓거리냐?

헬스 클럽의 석유난로 하나가 호텔 한 채를 새까맣게 태워먹고, 7층 8층 창가에 서로 모르는 선남선녀가 헬기 구명로프를 잡으려고 안간힘을 쓰고, 줄을 잡고 가다가 공중에서 떨어져 죽고, 구경꾼들은 그것을 구경하고, 9층 10층에서는 무더기로 엉켜서 사람들이 타 죽어 있고.

야 사람 돼지는 것 한두 번 봤냐? 뭐, 30명밖에 안 되잖아.

그러나 소설가 김원우 씨는 나와 술 마시면서, 한국 중산층들은 절대, 통일을 원치 않는다고 단언하고.

이산가족들은 상봉 후 다시 뿔뿔이 이산하고.

세월이 원통하다! 세월이 원통해! 세월이 원통! 그 세월이! 원통! 원통해! 이가 갈리도록.

"난 공산당이 싫어요"라는 말을 남기고 죽은 그 어린이는 어느 한적한 시골 국민학교 교정에 동상으로 서 있고.

출근 시간 ─ 횡단보도에 구청 직원, 근처 은행원들, 동사무소 직원들이 '거리 질서 확립' 캠페인 띠를 가슴에 두르고 혹은 그런 피켓을 들고 서 있고.

질서의 저 끝은 궁극적으로 칼끝에 닿아 있고.

선진이라는 이름의 끝없는 행진.

근처 국민학교 어린이들이 황색기를 들고, 마구 건너가려는 행인들을 저지한다.

제지당한다. 모든 관공서, 모든 학교, 모든 군관민 직장에서. 17시 정각에 전국적으로 동시에 국기 하기식이 실시되고, 무심코 지나가던 보행자도 황급히 서서 보이지 않는 국기를 향해 경례한다. 중고등학교 학생들은 원기 왕성하게, 군기가 꽉 들어서 거수경례를 하고.

   이런 모습을, '1984년 BIG BROTHER'께서 보시면서 하시는 말씀: "보기에 좋더라."

   □ 시작 메모/황지우

  지난겨울, 문학을 하겠다는 후배들과 간담하는 자리에서 나는, 시를 언어에서 출발하지 말고 '시적인 것'의 발견으로부터 출발해보는 것이 어떻겠느냐고 말한 적이 있다. 그 '시적인 것'은 뭐라고 딱 말할 수는 없고, 딱 말할 수 없다는 점에서 그것은 어쩌면 '선적(禪的)인 것'과는 닿아 있는지도 모르겠다고, 지난겨울 문학을 하겠다는 후배 몇몇 사람들과 나는 말한 적이 있다. 그 실례(實例)들을 나는 『전태일 일기』와 『임제록』에서 찾아보려고 했던 적이 있다. 시란 금방 부서지기 쉬운 질그릇인데도, 우리는 그것으로 무엇인가를 떠 마신다.

비 오는 날, 유년의 느티나무

느티나무 아래서
느티나무와 함께
더 큰 줄기로 비 맞는 유년
부잣집 아이들은 식모가 벌써 데려가고
일 나간 우리 엄니는 오지 않았다
치(齒)가 떨리는 운동장 끝
어린 느티나무 몸속에선 이상한 저음(低音)이 우우 우는데
날 저물어오고
느티나무 아래서
느티나무와 함께
더 큰 빗줄기, 보이지 않는 우리 집
보이지 않는 곳에서 잠기어가는 것 같고
문고리에 매달린 동생들 이름 부르며
두 손에 고무신 꼭 들고
까마득한 운동장 한가운데를 가로질러 갔었다

그 운동장으로부터 20년 후

이제 다른 생애에 도달하여
아내 얻고 두 아이들과 노모와 생활 수준 中下,
월수(月收) 40여 만 원, 종교 無, 취미 바둑,
정치의식 中佐, 학력 大퇴
의 어물쩍한 삼십대 어색한 나이로
출판사 근처에나 얼쩡거리며 사람들 만나고
최근 김영삼 씨 동향이 어떻고, 미국 간
김대중 씨가 어떻고, 잡담과, 짜장면과,
연거푸 하루 석 잔의 커피와,
결국 이렇게 이렇게 물들어가는구나 하는 절망감과,
현장 들어간 후배의 경멸 어린 눈빛 그런 작은 표정에도
쉽게 자존심 상해하는 어물쩍한 삼십대
이것도 저것도 아닌, 어색한 나이로
남의 사무실을 빠져나오다가
거리에서 느닷없이 기습해오는 여름비—
소년은 비 맞으면서 비닐우산을 팔고
비닐우산 아래서
비닐우산과 함께

더 큰 줄기로 비 맞는 성년
그 비닐우산 속으로 20년 전 어린 느티나무가 들어와
후드둑후드둑 몸 떨며 이상한 저음으로 울고
나는 여전히 저문 운동장 가에 혼자 남아 있고

우리 아버지

    우리 아버지 — 글씨 잘 쓰고 시조 잘하고, 계림동 후미끼리 나무 장거리에서도 점심 드실 땐 나무꾼들과 밥집 대청마루에 앉아 북 두드리며 술 한잔에 소리 한번 하고 진지 드시던
    우리 아버지 — 장사한다고 여수로 부산으로 떠난 뒤로 몇 년이고 돌아오지 않던
    우리 어머니 — 도로 공사판에 나가 자갈 날라 오시고 강냉이 가루 밀가루 배급 타 오던
    광주 계림국민학교 5학년 — 밤실 작고개,* 김덕령 장군 묘 넘어 무등산으로 나무하러 갔다가 늦가을부터 겨울까지는 자주 학교도 빠지고, 언 손으로 빨간 맹감 열매를 따 먹는데, 첫 눈발이 한 점 두 점 언 가지에 몰려오던
    눈앞이 안 보이게 펑펑 눈 쏟아지던 어느 날 저녁 — 우리 아버지 빈손으로 털레털레 돌아오시고, 우리 어머니 울고불고 — 아버지, 기성회비 안 낸다고 선생이 학교 나오지 마라고 해라우 — 잘됐다, 그놈의 썩어자빠질 놈의 학교 당장 때려치워부러라 — 나도 밤새 울고불고하던, 끝없이 눈만 날리던

다음 날—혼날 줄 알면서도 결석계 한 장만 달랑 들고 학교 나갔는데, 담임선생은 의외로 아무 말 없이 결석계만 한참 들여다보시던, 거기에 도대체 뭐라고 씌어져 있길래, 나는 오래 빈 내 자리에 들어가 앉아도 되었던

우리 아버지—글씨 잘 쓰고 시조 잘하고, 그러나 우리가 겨울밤—아부지, 방바닥이 너무 춥소, 하면, 왜정 때 노무자 징용 끌려가 만주 벌판 맨바닥 얼음 위에 누워 자던 이야기만 하시던, 잔인정이라곤 눈곱만큼도 없던, 무지막지하게 독살스럽던, 박정희 대통령과 동갑인 정사년생(丁巳年生)이었던

우리 아버지—내가 갈 수도 없는 중학교에 들어갔을 때도 잘했다는 말 한마디 없으시더니 어느 날—박정희 그 사람 거 글씨 자알 쓴다. 간(姦)하면서, 어딘가 울분이 있어, 자 봐라, 나에게 근대화라고 씌어진 동사무소 홍보용 팸플릿을 보여주시던

우리 아버지—그렇지만 서울서 대학 다니다가 무슨 집회 및 시위에 관한 법률 위반으로 퇴학 맞고 내려왔을 땐—나 니 애비 아니고 너는 이제 내 새끼 아니다, 단호히

의절해버린

    우리 아버지 ─ 일당백 필승(一當百 必勝)이라는 대통령 친필비가 서 있던 서부 전선 고지에서 내가 보초 서고 있을 때 유언 한마디, 유산 한 점 없이 돌아가셨던, 여수로 부산으로 떠돌아 다니실 때 옮아 온 폐결핵을 가슴에 담고.

* 이 시의 화자가 어린 시절에 자주 오르던 무등산 동쪽 진입로. 이 산마루를 넘어가면 근처에 김삿갓 시비가 서 있다.

다이쇼(大正) 15년 10월 11일, 동아일보

鐵甕城가튼 警戒網裡
 各處에서 朝鮮○○萬歲高唱
  過激한 活版文書를 多數히 撒布
   群衆과 警祭混亂으로 負傷者多數
暴發의 第一聲은 學生堵列中
觀水僑附近　작일오전여덜시부터 돈화문(敦化門)을 써나기시작한 인산행렬(因山行列)이 황금명 거리에까지 쌧치고 대여(大轝)가 막관수교(觀水僑)를 지나갑시며 그뒤에 리왕뎐하(李王殿下) 리강공뎐하(李堈公殿下)의 타신마차가지나는 오전 여덜시사십분경에 그행렬동편에 도렬하고섯든 시내 송현동(松峴洞)에 잇는 보성전문학교(普成專門學校)학생수십인이 활판으로 인쇄한 격문(檄文)수만매를 뿌리며 됴선○○만세를 불러서 크게 쇼동중 현장은 바람에날리는 격문은리왕뎐하마차부근에서 날리엿스며 경계고잇든경관과 긔마경관대는 학생들과 충돌되는 한편으로 그부근에 도렬하고

잇든 시외 연희전문학교(延禧專門學校)학생이 이에응하야 엄숙하든행렬이 크게 혼잡을 이루게됨을 싸라 대여뒤에 싸르는 긔병의장대(騎兵儀仗隊)의타고잇든말이놀라 도라서서닷는바람에 군중이이리저리몰리다가 중경상을 당한사람이 매우만흐며 현장에서학생삼십여명이톄포되엿고

敦化門附近

黃金町附近

東大門附近 인산행렬이 오후한시경 동대문을 나서려할째에 양복을 입은 청년한사람이동대문부인병원(東大門婦人病院)입구에 나타나서 호각을불며 만셰를삼창함애 군중이 이에응하야 처참한광경이 연출되엿는데 전긔양복 입은 청년은 경관에게 톄포되엿다.

長求洞에서 檄文配布 시내댱사동(長沙洞)이백사십번디부근에서도 시내남대문통(南大門通)셰부란쓰의학전문학교학생이격문을쑤리다가 현

댱에서네사람이톄포되엿다더라

騎馬隊東衛西突

群衆은 自相踐踏

撒布된 街路에 殺氣衝天

極度로 混亂中負傷者百餘名

號外發行禁止

당국으로부터호외발행금지

십일국장당일에 돈화문(敦化門)압흘비롯하여 시내각처에서 여러번이러난 만세사건은 본보의 민활한활동으로 호외를 발행하엿스나 당국으로부터 인쇄까지맛친호외의 반포를 금지함으로 부득이 본지로써 사실면말을 보도하는바이다.

軍隊示威行列

작십일시내에는룡산조선군사령부에서 보병(步兵) 긔병(騎兵)포병(砲兵)등약오천명이출동하야시내 각요소를 엄중히경계하고잇섯는데 림시사령본부 는기미년 운동이발발하엿던종로〈싸고다〉(塔洞)공 원에두고그안에는 군인들이 쌕쏙드러차잇섯스며그 문밧게는 군대식의커다란하물자동차 한대를준비

하고잇섯다그한편으로는 쏘군인들 수명혹은 이십
명식이 일대가되여 시내각처로 두루다니며 시위운
동을 하엿더라

警官隊放銃說
혼잡즁임으로상세미상

별항갓치관수교우에서 만셰를 부를째에 경관
들은권총을 발사하엿다는 말이잇스나혼잡한즁
이라아직자셰치는못하다더라

名校敎員召喚
이사건이돌발하엿슴으로학생검거와학교원검거에눈코
를못쓰는시내종로서에서는오전열한시반경에 중앙고등
보통학교(中央高等普通學校) 교댱최두선(崔頭善)씨와보성
젼문학교(普專)교댱 박승빈(朴勝彬)씨 연희젼문학교(延
專)교수 이한용(李漢鎔)씨외 세부란쓰의학젼문학교교댱
등 각학교관게당국자를불러 일일히출석부(出席簿)를 검
사하는동시에 여러시간동안서보안게실(安保係室)에서조
사를하엿더라

到處萬歲
◇오후한시이십분경대문밧약요륙명의디뎜에서도렬한

군중으로부터사십세가량되는남자가무슨긔(旗)룰내여
흔들면서○○○○을부름에일반군중이이에응하야부근
의창문을파괴하는등큰혼잡을 이루엇는데전긔남자는즉
시톄포되엿다더라

大同團宣言
關係者三名
종로서에인치취됴

驛頭에서또逮捕
상해에서들어온청년한명
작일오후일곱시경에톄포

再昨夜에도 二十名
셰부란쓰의학전문학생외에
각중등교학생이십여명검거

名校學生繼續檢擧
佛敎代表의 啓明星

新事件新檄文續出

상해에서돌아왓다는불교대표의모씨

격문을반포하고경긔도경찰부에잡혀

檄文은 全部七十萬張

◇십삼도골골로퍼진모양

檢事出動取調

복면검사가출동하야취조

만세사건이 일어난즉시로 경성디방법원검사국(京城地方法院檢事局) 복면검사(福田檢事)외세명의 검사가 시내종로서에 출동하야 얼마 동안 삼륜(三輪)고등계주임에게 사건을 취조할지휘를 한 후 동오전열시경에 도라갓다더라

各署連絡으로 八方에서 檢擧

鐘路署에 百五十 이사건이 일어나자 소관종로서에서는 무장한정복순사와 사복형사대가 현당에출동하야 다수한 인쇄물(印刷物)과 각학교학생과청년등을 검거하기시작하야 그 현

당에갓가히잇는 시내당사동(沙洞長)○○상회(○○商會)안에 수용하엿다가 열시경부터는 권총을휴대한 정복경관사 오명이 포위한자동차두대에 정복정모를한 학생과청년을 가득가득히 실어가지고 수십번을 동서를수송한 백수십명의학생으로 이층 회의실에가득히집어넛코 방금엄밀히 취조를하는중인데 그중에는 중앙학교 교원백모(白某)조모(趙某)와 서모(徐某)삼씨도 검거되엿고 나이약사십세가량된 신사두사람과 이십이될랄말락한 녀학생한명도연약한몸에 수갑을진채로 잡히여드러갓스며 검거된중앙학교 학생하나는 매롤몹시마저머리에 선혈이팀리한바 동연시반까지 동서에잡힌각학교학생수효는 다음과갓다

騷然한 各地

開城地方
元山地方
高原地方
平壤檢事局
淳昌地方

◇사진 설명◇

복잡한군중과 분주
한긔마대

무등(無等)

山
절망의산,
대가리를밀어버
린, 민둥산, 벌거숭이산,
분노의산, 사랑의산, 침묵의
산, 함성의산, 증인의산, 죽음의산,
부활의산, 영생하는산, 생의산, 희생의
산, 숨가쁜산, 치밀어오르는산, 갈망하는
산, 꿈꾸는산, 꿈의산, 그러나 현실의산, 피의산,
피투성이산, 종교적인산, 아아너무나너무나 폭발적인
산, 힘든산, 힘센산, 일어나는산, 눈뜬산, 눈뜨는산, 새벽
의산, 희망의산, 모두모두절정을이루는평등의산, 평등한산, 대
지의산, 우리를감싸주는, 격하게, 넉넉하게, 우리를감싸주는어머니

꽃피는, 삼천리금수강산

개나리꽃이피었습니다
미아리 점쟁이집 고갯길에 피었습니다
진달래꽃이피었습니다
파주 연천 서부전선 능선마다 피었습니다
백목련꽃이피었습니다
방배동 부잣집 철책담 위로 피었습니다
철쭉꽃이 피었습니다
지리산 노고단 상상봉 구름 밑에 피었습니다
라일락꽃이피었습니다
이화여자대학 후문 뒤에 피었습니다
유채꽃이피었습니다
서귀포 앞 남마라도 산록에 피었습니다
안개풀꽃이피었습니다
망월리 무덤 무덤에 피었습니다
망초꽃이피었습니다
동두천 생연리 봉순이네 집 시궁창에 피었습니다
수국꽃이피었습니다
순천 송광사 명부전 그늘에 피었습니다

칸나꽃이피었습니다
수도육군통합병원 화단에 피었습니다
백일홍꽃이피었습니다
태백산 탄광 간이역 침목 가에 피었습니다
해바라기꽃이피었습니다
봉천동 판자촌 공중변소 문짝 앞에 피었습니다
무궁화꽃이피었습니다
경북 도경 국기 게양대 바로 아래 피었습니다
그러나,
개마고원에 무슨 꽃이 피었는지
영변 약산에 무슨 꽃이 피었는지
은율 광산에 무슨 꽃이 피었는지
마천령산맥에 백두산 천지에
그렇지 금강산 일만이천봉에
무-슨-꽃-이-피-었-는-지
무슨꽃이피었는지
나는 모릅니다
나는 못 보았습니다
보고싶습니다

겨울-나무로부터 봄-나무에로

나무는 자기 몸으로
나무이다
자기 온몸으로 나무는 나무가 된다
자기 온몸으로 헐벗고 영하 13도
영하 20도 지상에
온몸을 뿌리 박고 대가리 쳐들고
무방비의 나목(裸木)으로 서서
두 손 올리고 벌 받는 자세로 서서
아 벌 받은 몸으로, 벌 받는 목숨으로 기립하여, 그러나
이게 아닌데 이게 아닌데
온 혼(魂)으로 애타면서 속으로 몸속으로 불타면서
버티면서 거부하면서 영하에서
영상으로 영상 5도 영상 13도 지상으로
밀고 간다, 막 밀고 올라간다
온몸이 으스러지도록
으스러지도록 부르터지면서
터지면서 자기의 뜨거운 혀로 싹을 내밀고
천천히, 서서히, 문득, 푸른 잎이 되고

푸르른 사월 하늘 들이받으면서
나무는 자기의 온몸으로 나무가 된다
아아, 마침내, 끝끝내
꽃 피는 나무는 자기 몸으로
꽃 피는 나무이다

최남단의 자작나무 앞에서

식물, 자작나무

학명 *Betula platyphylla var.* Japonica, 자작나무

한대성의 갈잎 큰키나무, 자작나무

자작나무, 키 20M-30M

잎은 어긋나게 나고 삼각형 또는 마름모꼴의 알 모양, 톱니가 있는, 자작나무

암수 한 그루

오월에 단성화(單性花)가 이삭 모양으로 피고

날개 달린 작은 견과(堅果)

시월에 열매 익는

자작나무, 산 중턱 이하의 양지에 집단을 이루는

자작나무, 우리나라 강원도·평안북도·함경남북도, 그리고 사할린·중국·만주 등지에 분포해 있는

자작나무

자작나무

자작나무

자작나무는 누구의 생을 향해 팔 벌리고 서 있는가

자기의 숙명을 손 뼘으로 재듯

탁 버티고 서서
머나먼,
머나먼, 아스라한, 끝이 안 보이는
한대(寒帶)
아 "시베리아 예니세강 물결아
잘 있거라 자작나무야"
북만(北滿) 독립군들 노래 부르며 출정하던 그 산기슭에
자작나무는 누구의 생을 향해
큰 팔 벌리고 서 있는가
손 한 뼘의 생애를 다하여
삼각형, 마름모꼴, 톱니 같은 잎새들 흔들며
칼바람 횡단하는 한대림 속

착지

아무리 아무리 놉히,
놉히
날아도 새는
따 우로
다시
나려앙근다
새가 나려앙거 자기 발자국을 ↙, ↙〔KUK, KUK〕찍는 지상,
자기의 화인(火印) 거튼 지상,
우로 나려와 새는
밥 먹고 잠자고 새끼 낳고, 죽는다
자기는 흔적도 없이 없어지고, 그런디 자기 형질을 물려바든 새새끼 새끼들이
다시,
아무리 아무리 놉히,
놉히
날아도 새들은
따 우로

나려와 앙근다
떠날 수 업쑤나

사춘(思春)의 강가에서

봄날, 강기슭, 삐비풀섶에서 삐비새 날고
그 풀잎에서의
이빨 나간 풍금 소리, 혹은
변성기 아이들의 악다구니 쓰는 소리,
난다.
지상으로 야유회 나온 아이들, 남녀 혼성의 휘파람 불며 간 뒤
이승의 강, 건너, 저쪽에서 누군가 노 저어 오고.
....
....
누구에게나, 강을 건너는 일은 그 어떤 종교성 같은 것이 있다. 즉, 어떤 정치성이 있다.
자기를 지키는 일, 그 자기를
버리는 일, 그 자기를
아예 죽여버려야 하는 일, 아아?
강 이쪽으로 그 누군가가 처벅처벅 걸어와서
자, 저하고 잠깐 가실까요
하면서, 날 강 저쪽으로 임의동행 형식으로 데려가면, 어

쩌나 어쩌나 —
　우르르르 양편으로 갈라져 바람에게 길 비켜주는
　삐비풀 속에서, 잠 깬 딸아이 울음 소리, 혹은
　노모의 울부짖는 소리,
　들린다.
　— 그러는 것 같다.

잠든 식구들을 보며

아내는 티브이를 켠 채로 잠들어 있다.
마지막 뉴스 보도, 24시
오늘은 아무 일도 없었다. 한미 장병 15명을 태운 헬기, **합동군사훈련중 동해에 침몰**. 오늘은 아무 일도 없었다. 없었다. **구공화당인사국민당 입당의사표시**. 아무 일도 없었다. 오늘은,
아무 일도. **정신대할머니태국서40년만에나타나**. 없었다. 오늘은, 없었다.
오늘은, **탈영병1명생포1명은자살**. 없었다. 아무 일도, 오늘은
아무 일도 없었다.
아내를 열광시키는 해태 타이거즈 팀이 참패했어도
오늘은 아무 일도 없었다.
아무 일도 없었다는 듯이, 아내는 티브이를 켠 채로, 아직도 티브이 속에서 잠들어 있다.
김숙희, 십여 년 전 영치금을 넣어주고 간 중산층의 딸,
나는, 내가 부르주아가 되는 것을 한사코 두려워했다.
잘못 내려온 선녀. 철없는 부르주아.

나는 너의 온몸에 가난의 문신을 그려놓았다.

나의 욕망이 낳은 두 아이들을 양팔에 안고

너는 이 세상에 자고 있는, 그러나 이 세상 사람 같지 않다.

아이들을 안고 승천하는 그대가 이 지상에 드리운 옷자락 끝

            질긴 인연이구나.

양쯔강 일대에서 밤새 동진(東進)하는 저기압권 가장자리에서

흔들리고 있다.

     놓아라. 아이들은 무고하다.

       이미 그대의 복강을 떠난 아이들.

잠든 어린것들을 한밤중에 내려다보고 있으면

눈물 난다. 그들 앞에 놓인 번개 치는 바다,

      어떻게 건너가려 하느냐?

         환란의 날들,

   삶과 죽음의 고온다습한 협곡을 지나.

이 무후한 애벌레들이 깨고 나올 세상, 그 입구에서 맞는 옥문(獄門)이여.

어머니, 어머니, 생각납니다.
당신이 울면서 문 열고 나간 접견실이.
내 마음에는 아직도 문이 안 닫히고
이 모두가 인질입니다. 당신도, 제 새끼들도.
인질극을 벌이는 탈영병들을 핸드 마이크로 불러내는 어머니,

       어머니, 죄송합니다. 돌아가세요!
이 질긴 몹쓸 핏줄을 어떻게 끊어버릴까?
  이 웬수놈아 어쩌자고 이 짓을 저질렀느냐, 어쩌자고?
    어서 나와라!

백기앞에서라!   목숨은 살아야제!
항복하라!   어서 나와라!   너무 늦었어요.
    어서 나와!   끝장예요, 어머니,
어머니, 그러나 당신이 사금파리 젖가슴을 찍던 젊은 날,
그 끝장을 뚫고 갔던 여인이 돌아왔습니다.
1KM를 나라비 서서 범한, 무참한 사타구니.
일식(日蝕)의 남지나해여, 해일이여,

      삼켜다오.

해도 달도 뜨지 않는, 맹목의 40년, 아 40년!
부끄러워 돌아갈 수가 없는 땅, 그녀가 버린 땅, 그녀가 잊은 땅.

끝끝내 용서할 수 없는, 더러운, 더러운, 더러운 땅.

이 역사는 반성하지 않았다. 참회하지 않았다. 개전(改悛)의 정도 없이

선고유예된 세월. 용서받지 못. 어떻게 그 새끼가 또 나오나?

털갈이하는 개. 그래, 그래, 잘못은 개인에게 있지 않아.

바뀐 주인에게 찾아가는 개. 아아, 이제는 성안으로,

내 발자취를 냄새 맡고 쫓아오는 개. 이제는 들어갈 수 없어.

잠든 식구들이여. 내가 떠난 후, 나를 찾지 마라.

곧 심판의 날이 오리라. 내 형제의 눈에 든 티를 회한의 눈물이

몰아내리라, 형제들아, 다음에 올 세상을 믿어라, 티엔티 폭탄

트럭을 몰고 달려간 회교도 청년, 화염 속의 내세로 갔다.

우리는 아주 느린 걸음으로, 그러나 조금씩조금씩 그곳으로

가고 있다. 우리들 한평생을 지렛대로 하여 떠올리는 역사,

우리가 통곡하며 맨주먹으로 치던 이 무표정한 바윗덩어리.

숙희야, 너는 지금 이 돌 속의 캄캄한 잠을 자고 있구나.

대뇌, C-Fibre 속의 너의 내세, 도솔천을 산책하는가?

내 친족의 그윽한 살냄새로 가득한 안방, 우리가 함께 순장된

무덤 같다. 그러나 이 무덤 밖에는 오늘,

양쯔강 밤바람이 불고

유가족의 가슴을 쥐어뜯는 동해, 파고 1.5M의 밤바다로부터

전신에 불 켠 발동선 한 척이 돌아오고 있다.

쉬었다 갈 이 세상으로.

숙희야, 이 세상은 어느 날, 우리가 그랬듯이

네가 안고 있는 이 아이들을 소환할 것이다.

역사는 이 미감아들을 또한 분노와 슬픔, 격정과 사랑으로

감염시킬 것이다.

내놓아라. 내려놓아라

    나는 두 아이들을 떼어놓고 두 팔을 아내의 가슴에

    포개어준다. 옻나무 관에 그대를 입관하듯.

그리고 너와 나, 누구든 하나가 먼저 가겠지만

어느 날 네가 죽으면, 내 가슴 지하 수천 M에 너를 묻으리.

소설, 이상한 전염병

대한민국 전매청이 그를 죽이려 한다고 그는 생각한다.

지나친 흡연은 당신을 죽게 할 것입니다.

그는 그렇게 생각한다. 왜 그랬을까?

지나친 흡연은 건강에 해롭습니다. 그것도 아니었다.

건강을 위하여 지나친 흡연을 삼갑시다. 실제로는 그렇게 씌어져 있었다.

파인 트리. 메이드 인 코리아. 전매청.

경고, 접근하면 발포, 대한민국 전매청장 백.

그는 이빨로 필터를 지그시 씹었다.

빨리 다가와! 빨리 말야. 빨리 빨아봐! 어때? 한결 가볍지? 그대 영혼이 기화(氣化)되는 거 같잖아? 수고하고 무거운 짐 진 그대 영혼.

꽁초가 되기 위해서 필터 쪽으로 다가오는 시간의 붉은 인광(燐光)을, 그는 본다. 파멸은 왜 내 속으로만 오는 걸까.

네, 시정하겠습니다. 부장님. 알았다. 이 정 가야. 너는 오늘 날 모독했어, 개새끼. 니가 어디까지 올라가는가 보자.

정 과장의 응접세트 위에 놓인 수반에 안개꽃이 독 오른 고슴도치처럼 한 움큼 웅크리고 있었다.

복도 자동판매기에서 그는 종이 커피 한 잔을 빼내었다. 오후 4시의 햇빛을 받고 있는 그는 자신의 온몸이 숯뎅이로 새까맣게 타버린 것만 같았다. 오후 4시 12분의 햇빛 속에서 그는 쓰디쓴 것을 삼켰다.

나는 독을 삼킨다. 목구멍을 위해. 불타는 식도여. 먹이사슬이여.

밥. 아내. 아이들. 노모. 동반자살의 쇠사슬. 언제까지 이렇게 질질 끌려만 갈 것이냐. 밀린 일들. 나의 순대에 밀리고 밀린 똥 덩어리.

그의 건너편에서 굵은 검정 테 안경 너머로 그를 감시하듯 앉아서 열심히 전자계산기를 두들겨대는, 늙은 이 계장을 의식하면서, 그는 미스 박이 치는 타이프라이터를 빼앗아 와 ㄱ, ㄴ, ㄷ, ㄹ, 하릴없이 농땡이를 쳤다.

ㅁ, ㅂ, ㅅ, ㅇ, 김형태. 전남 함평 출신. 신체 건강한 대한민국 청년. 현 체제의 똘마니. 혹은 돈키호테의 말을 모는 충복, 산초. 형태야, 어서 가자. 내 마음의 풍차에게로.

ㅈ, ㅊ, ㅋ, ㅌ, 계장님, 금년 이사분기 우리 엽전들이 구호 사업의 손익대차대조표는 무사하신가요?

지금 사무실은 너무 많은 재화를 싣고 표류하는 해적선 같습니다. 전문(電文): 우리는 표류 중, 그러나 다가오지 마라.

딴생각에 잠긴 늙은 이 계장이 그를 물끄러미 바라본다. 사는 게 다 노략질이야.

선창을 통해 멀리, 낡은 서울 시청 건물이 난파선처럼 잠겨가는 것이 보였다. 꼭대기 시계탑이 격침된 5:23을 알리면서.

그는 그를 뭍으로 데려갈 구명선이 오는 시각을 기다렸다.

어서 가자. 내 혈족의 뼈다귀로 울타리를 친 섬으로.

시청 앞 지하철 플랫폼. 포동포동한 코미디언이 연출하는 단란한 가족의 한때를 담은, 맞은편의 대형 광고판을 그는 노려보고 있었다. 돼지 배때기에서 꺼낸 일가족이 우유를 마시고 있다. 우유에서 튀어나오는 우윳빛 왕관. 당신의 건강과 미와 행복의 면류관. 마시자, 서울우유!

좋아좋아.

많이많이 퍼마셔라. 행복한 비계들아. 건강하고 아름다운, 송장들아. 그는 그렇게 소리 질러주고 싶었다. 그렇지만 그렇게 할 수 없었다.

독극물 협박범 신 모가 결국 체포되었다.

빙신! 악은 내부에 있었다. 그에게도, 신에게도.

형제여, 세상이 잘못됐다. 내 등 뒤에서 나타나지 않는 가명의 그대를 나는 이미 알아봤다. 누구든 나를 좀 붙들어 다오.

꼭 사고를 치고야 말 것 같다. 거역할 수 없는 거대한

어떤 힘이, 나쁜 혼령이, 악의 자력이 나를 끌어당긴다.

불의 유혹을 견디지 못하는 나방처럼.

정 가야, 저주의 원을 그리며 나는 너의 주위를 맴돌 것이다.

너는 왜 나를 못살게 구니?

그는 정의 얼굴만 봐도 목 졸린 듯한 것을 느꼈다.

유리 재떨이로 그의 번들거리는 이마빡을 쳐 죽이고 싶었다.

그러면서도 그는 그렇게 말했다. 네, 시정하겠습니다. 부장님.

노모는 자꾸 말했다. 아범아.

내동리 순철이 상고밖에 안 나왔어도 홍콩 가서 지 에미 반지에다가.

어머니. 한 번만 그딴 소리 하면 기도원에다가.

그는 목이 떫게 소리 질렀다.

그는 문을 안으로 걸어 잠그고 아이들을 혁대로 치기도 했고

아내에게 식칼 들고 달겨들기도 했다.

이 살의는 어디서 오는 것일까?

어디서 오는 것일까.

어디서.

그는 담배를 레일 쪽으로 던졌다.

뚜……………………………………………

곧 열차가 도착합니다. 안전선 밖으로 물러서주십시오.

단 하나의 길만 있는 선로 위에 거대한 물체가 미는 바람이 먼저 당도했다.

바퀴 밑에서 누가 그를 부르는 것 같았다.

근황

 벗이여, 나의 근황은 위독하다. 위문 와다오. 붉고 흰 국화꽃 들고. 장의사 집 앞을 지날 때마다 나는 섬뜩섬뜩하다. 구긴 종이가 휴지통에 정확하게 들어가주지 않은 그날은 내내 불길하고, 왜 나는 자꾸자꾸 예시받으려 하는지. 왜 자꾸 목숨이 한숨인지, 나는 모르겠다. 벗이여, 지난여름, 그대는 범람하는 강가에서 무슨 소리를 들었느냐. 우리들 목숨의 치수 바로 밑에 출렁이는 유량(流量)을 보았느냐. 상 황 통 제 불 능 상황통제불능. 응답은 없었다. 영원히. 1984년, 무사안일한 위험 수위 위로 대홍수의 날들은 가고, 1988년, 대망(大望)도 빨리 지나가라. 우리들 파인 분지에 헐벗은 이재민으로 남아 울리라. 지나가라. 황폐한 축제여. 노예들의 환희여. 아, 대한민국, 대한민국 헌법은 여성명사며 대한민국 현대사는 변태 성욕자의 병력(病歷)이다. 누가 이 여인을 범하랴. 누가 이 여인을 모르시나요. 누가 이 여인을. 그대 몸에 깊은 구멍 있도다. 상처인가 통로인가. 깊고 굶주린 구멍. 물 질척거리는 그대 영혼의 잔잔한 오물이여. 폭등하는 첨탑이여. 교회는 자본주의와 성교한다. 아 마침내 땅끝까지 왔구나. 우글우글하게 까놓았네!

그들의 먹이는 불안한 신흥 중산층이다. 그대 목마른 영혼을 잔잔한 시냇가로 인도한 값을 내라. 가까이 오라. 양변기에 앉아 똥 누는 자들이여. 밀리고 밀린 똥 냄새가 맡고 싶구나. 그대들은 이주일에게 침을 뱉고 그는 돈을 번다. 이게 원리 원칙이야. TV 시청료를 내지 맙시다. 현실을 착색하지 맙시다. 확실한 것은, TV는 공범자다, 벗이여, 이제 나는 시를 폐업 처분하겠다. 나는 작자 미상이다. 나는 용의자이거나 잉여 인간이 될 것이다. 나는 그대의 추행자다. 아아, 나는 시의 무정부주의를 겪었고 시는 더 이상 나의 성소(聖所)가 아니다. 거짓은 나에게도 있다. 우리는 다시 레이건 치하에서 산다. 극악무도한 놈! 젊은 김 순경이 변심한 애인 집 일가를 몰살하고 그도 곧게 뻗은 사건 있지. 그것도 우리 사회가 성숙해가는 데 거쳐야 할 방역이라고 말하고 싶어 하는. 그놈은 구조기능주의자임에 틀림없어. 아가리를 찢을 놈. 그들과 나는 덮인 형제 살해의 시대에 산다. 우리는 연루자다. 벗이여 우리는 코미디언도 순교자도 못 된다. 혹은 모든 시대에 코미디언은 순교자의 대칭이다. 김지하를 보라. 그대가 캄캄한 날의 그의 옥중서한을

대독해봐. 나는 시의 현교(顯敎)를 믿었다. 나는 곧 개종한다. 나는 거칠어질 것이다. 나는 종잡을 수가 없다. 나는 왜 성조기가 독나방의 날개로 보이지. 악몽이여. 흉악한 시절이여. 내 가슴 뜨거운 문신이여. 이것은 증오일까 오류일까. 나는 나 이외의 삶을 범해버릴지도 모른다. 나는 모르겠다. 나는 혼수상태다. 벗이여. 위문 와다오. 우리 결별하자.

박쥐

그는 자유롭다 : 그는 외롭다 : 캄캄한 날들과 환한 밤들 사이의 경계를 그는 알기 때문에, 그 불가능성을 그는 넘나들기 때문에.

나는 시궁창에 살고 있다. 이 편안한 더러움이여. 전후(戰後)에

태어난 후, 나는 아무것도 믿지 않았으며, 아무도 사랑해본 적이 없다.

아무것도, 아무도.

사랑하는 천적 : 이상하다, 천적에게서 묘한 애정 같은 것이

생기는 것은,

내 안에 이적(利敵)이 있기 때문이다. 나의 접선자여.

1985년 5월 21일 pm. 3시, 종로서적 앞으로 나오라(ps.: 반드시 신분증을 지참할 것). 종로 1가에서 5가까지의 거리는 전투경찰의 거리다.

붙들려가 털 깎인 경험의 소유자여, 견뎌라, 모독감을, 이 땅에 살기 위해서는, 살아남기 위해서는,

안심하라. 흰 이 드러내며 파르르르 떨며,

털 세운 하이에나, 난,

죽은 고기만 안심하고 탐식하는 이빨들을 위한 살덩어리가 아냐.

때로는, 유학이나 가버릴까.

다시 감옥으로 갈까.

왔다리 갔다리 하는 내 험악한 무의식의 요양소는 어디, 어디

식은 팥죽을 담은 내 염통이여.

다른 것은 다 속여도 시만은 못 속이겠다.

도대체 그것이 무엇이관데, 누가 나에게 그것이 무어냐고 물으신다면("사랑이 무어냐고 물으신다면")

현실에로 열린 나의 시적 통로는 연민이오.

연민은 두 가지가 있소.

하나는 도덕적으로 우월한 위치에 있는 자의 그것이요,

다른 하나는 상처받은 자의 그것이오.

나의 그것은 나의 상처요.

라고 답할까? 아냐, 연민은 도덕적 임포야, 혁명의 설사제야

미 문화원을 점거한 학생들, 자진 해산하고 나오다.

국민들 크게 안도.

아이들은 고도(孤島)로 갔다.

기자 놈들, 체제의 합승자들, 그들의 충성심은 가면 같이 간다는 위기감이야.

나의 동시대인들에게는 해태 타이거즈와 광주사태를 연관 짓는 묵시록적 경향이 있다.

시는 나에게 성적(性的)이다 : 매혹과 수치심이 함께 있다. 중요한 것은, 이를 통한 현실의 수태이다.

헛물 켜지 말고, 낳고 낳아라.

나의 스승, 유 아무개 아무개는 위대한 무위도식주의자이다.

당신을 숭배합니다 : 너를 죽일 거야.

이중배 보아라. 어서 와서 나를 들것으로 옮겨가다오.

여기는 막막한 섬이다.

   85-05-27

   종로에서

   똥개로부터

날뛰는 나의 정신을 나는 유물론으로 치유한다.

미치광이병에는 이게 약이요, 극약이다.

어느 날, 나는 월경(越境)할 것이다.

어느 날, 나는 만원 버스 속에서 늙은 여자에게 자리를 양보했다:

그 늙은 여자는 창밖만 내다볼 뿐, 내 무거운 가방은 받아주지 않는다. 철판이 깔린 가슴. 개. 똥. 씹. 걸레. 튀김. 죽일. 다음 날 아이 업은 젊은 여자가 내 자리 쪽으로 다가온다.

겁부터 난다. 나는 눈을 감고 가수(假睡) 상태에 들어간다.

너, 민중 없는 민중주의자! 가짜! 냄새나! 꺼져!

나는 왜 적에 대해서 말하지 않고, 적전(敵前)에서 자꾸 뒤돌아보는가.

80년대는 막장이냐.

최전선이냐.

너 살아 넘어갈래, 죽어 돌아올래. 그렇지만,

돌아보라. 가장 현실적인 색은 회색이다. 그대 손은 묶여 있다.

내 마음속의 동굴 속의 외로운 박쥐여
내 피를 빨아 먹어라. 실컷, 그대 투명한 색의
악령이 임할 때까지. 내 알몸의 투명한 색의 닻이 해저의,
밑 모를 심연의 땅을 찍을 때까지.

바퀴벌레는 바퀴가 없다

"짐승 같은 놈!"(이것은 아내가 한 말)
"바퀴벌레도 즘생이야, 여보"(이것은 내가 한 말)
그러나 바퀴벌레는 근엄한 검정색 예복, 아니 정복을 입었다.
무슨 일을 감행하는 집단들처럼
틈틈에 잠복해 있다가
때가 되면 기어 나와, "맞어",
기어온다.
"짜식들, 기어 나오긴 왜 기어 나와?"
기어 나와,
넘어서는 안 될 선을 넘어서
그리고 한번 무너진 그 길을 따라
자꾸자꾸 기어 나온다.
식생활에서 성생활에 이르기까지
나의 사생활 전역에 투입되어,
"여보, 바퀴벌레 때문에 못 살겠어요.
우리 이살 가든가 이민을 가든가 해야지"
비닐 장판을 열면 겨우내 새끼들을 수두룩수두룩 까놓고

이것들은 생명체일까, 병원균일까?

개체일까, 집단일까?

도무지. "이놈들에게도 영혼이 있을까?"

수챗구멍 속에서, 구정물 찌꺼기 통에서

벽으로, 찬장 그릇 속으로, 안방으로, 책장 사이로, 이불 밑으로

어쩌면 우리가 잠든 새 콧구멍 속으로, 머리칼 속으로, 꿈꾸는 송과선(松果腺)까지

공룡 크기만큼 확대되어 엄습해 오는

이 야간 침입자들.

어느새 우리와 공생공사하자는 듯,

어느새 묵인된 이 범법자들.

오줌 누러 불을 켜면, 화다닥, 동작 그만!

들킨 바퀴벌레는 젖은 시멘트 벽에 붙어서,

그놈은 그놈대로 비상을 걸고, 부지런히 더듬이를 돌려 대며

나의 접근을 관찰, 경계 태세에 들어간다.

그놈은 지금 그놈의 사선(死線)에 엎드려 있다.

그 사선은 나의 사선이다. "이번이 기회야.
놓쳐선 안 돼" 여차하면 이놈은 눈 깜짝할 사이에
틈 속으로 매복해버린다.
"죽여요. 죽여!": 아내도 마루 끝에서 소리친다.
짠―긴장: "이놈, 우리 현세의 사생활을 분탕질하는 이 더러운 놈, 네놈의 그 더러운, 그 지상에서의 몸을 죽여주마. 깨끗한 몸으로 교환하여 다시 태어나거라"
중얼거리는 내 마음속에서 다시 태어나고 싶어 하는
이놈을 갖다가, 슬리퍼로, 그냥,

딱!

(쳤다)
(나는 죽였다)
배때기가 터져 나와, 새하얀 피 같은 이물질을,
내장인지, 지 놈이 처먹은 밥인지,를 내놓고
그의 더듬이를 여러 번 흔들며, 그의 다족을 흔들며(즉, 발버둥 치며), 그러나 무성(無聲)으로 죽어간다.
죽여놓고도 아내와 나는 끔찍해한다.
그리고 즐겁다.
바퀴벌레는 바퀴가 없다:
수레를 끌지 않는다, 쌍!

도화(桃花) 나무 아래

금년 봄부터 나는 지방대학 시간강사 노릇 한다.
이것은 부업이고 나의 주업은 실업이지만
대학 근처에 얼쩡거린다는 자책감이
나를 찌끈찌끈 찔러댄다. 그러나,
시만 써가지고는 먹고살 수가 없다.
편당 10만 원만 달라.
아니다. 편당 2만 원도 넘친다.
정신의 지불 유예가 그렇게 억울한가?
그렇지는 않다.
내가 못살겠다, 생활이 어렵다 어렵다 하는 것은
18평 크기에서 25평 크기의 삶의 증대를 바라는
욕망이다. 도둑질은 분명
욕망이다.
H물산 여공 일당이 2,900원이 될까 말까 한다.
체제여, 지금 내 가방 속에는
아이들에게 썰 풀,
『포이어바흐에 관한 테제』가
들어 있다.

이 테제도 상품이다.

사당동 네거리에서 탄 시외버스가 과천 아파트 단지를 지나 안양으로 들어간다. 공장이 들어선 단지 사이사이에 옛 복숭아밭이 지금, 절정의 무릉도원이다.
윤사월 도화는 꼭 팝콘 같다:
저 팝콘을 안주 삼아
소주 한 병 비우고
따사로운 도화 나무 아래
잠이나 원없이 잤으면
생전(生前)까지 갔다 오는 멀고 먼 잠, 잤으면
다시 생후(生後)로 내려와 나는
허옇게 수염 난, 코 드르렁드르렁 골고 있는 나를
흔들어 깨우고, 이봐 나야 나
뭐 해, 자기
내려가자구
딴 세상이야
진짜 팝콘이 복숭아 꽃잎처럼 마취적으로

내 어깨 위로 난무하는,

잠에서 깨고,
학교로 들어가는 문이 꼭 교도소 같다.

닭장

요는,

내 대갈통 속의 러시아혁명과

내 대갈통 밖의 제정 러시아 말기가 만나는 접점이 안 보인다는 점이렷다.

분명히 그렇다, 관념의 점막이 나에게 있다. 이 막이 나를 막는다. 그것은 완강하다. 막 안쪽은 별짓을 다 해도 아무도 모른다. 나는 천하를 지우고 천하를 세운다. 이 막을 어떻게 도려내버릴 수 있을까?

명문 사립대학 Y대 후문을 빠져나오면서, 그러나, 내가 생각한 것은 그것이다. 대학은 중산층의 여과기이다. 부정하려 해도 이건 부정 안 돼. 황 형도 프티부르주아야, 이미.

고(高)라는 자는 아주 기분 나쁜 놈이다. 그는 미국서 한 7년 좆뺑이 치다 금의환향한 자이다. 미시간이라던가 시카고라던가, 아무튼 아이비리그에 들어가는 그런 곳 출신이라는데, 그의 반미도 교묘한 친미다. 설령 그가 감옥에 간다 한들 팍스 아메리카나는 그의 감옥의 배광(背光)이리라. 고의 업적이라면 업적이랄 수 있는 것도 그의 열등의식의 위업이다. 그의 턱없는 자존심은 그의 그것을 지시한다. 그의 미국 모교의 엠블럼이, 상처처럼 박힌 커피 잔으로 재스민차 한 잔 얻어 마시고 나는 나왔다. 암캐의 사생아 같은 놈!

공사장 함바집처럼 서둘러 지은 간이 학생식당 앞으로 도화 나무가 도도하게 꽃 피어 있다. 연분홍 꽃들이 내게는 왠지 지저분하게 보였다. 푸른 잎들과 함께 피어서 그런가. 꽃망울이 악쓰다 부르터진 입술 같다. 나무는 함성으로 자라는가 보다. 봄은 숨차고 도처에 어지럽혀져 있다. 나는 그런 봄이 좋다. 아우성치는 봄은 살아 있다. 아, 살아 있음이여. PVC 바닥으로 된 테니스 코트에 젊은 쌍쌍들이 백스트로로 공을 쳐 넘기고, 코트 아래 과학관 앞 잔디밭, 학생들이 최근 이름 붙인 '민주화 광장'에서는 노동 악법을 성토 중이다. 핸드 마이크를 든 여학생을 따라, 동지는 간 데 없고 깃발만 나부껴……, 후문 수위실 주위에는 워키토키를 든 사복들이 부산하다. 신촌 주택가로 가는 길목에는 바퀴벌레같이 으슥하게 웅크리고 있는 검은 페퍼포그 카 한 대, 국방색 버스 두 대가 서 있고, 2개 소대 병력의 전경들이 도열해 있다. 로마 보병 군단처럼 방탄유리 방패를

든 그들의 얼굴은 무표정하다. 아, 나는, 저 무표정이 혁명의 방패가 아니라는 것을, 너무도 너무도 앳된 청소년을, 본다.

근작 시 「닭장」을 위한 시작 메모

뻐꾸기가 운다
뻐꾸기가 우니까, 숲이 있다
숲이 있다는 것을
내가 안다
뻐꾹새 울음이 뻐꾹새 숲을
더 깊게 한다
소리 끝 간 데까지
숲은 숲속으로
심화, 확대 재생산된다
어서 가자
날 저물도록

아침 산

하느님도 없는데
늙은 할마시들과 가슴에 세상 병든 아낙들이
산 꼭대기에 올라와 울며불며 새벽기도 한다
요컨대 며칠만
아니 하루만이라도 더 살려달라는 것이다
중턱 바위 틈, 애기 고추만 한 꼭지에서 쫄쫄
나오는 약수 한 통 받으러 새벽같이 올라온
노인들
그 험난한 세상, 몸에 흠집 하나 없이
용케 예까지 살아남은 것이다
천지개벽을 해도 결국 제 몸보신이 최고라는 듯
다투어 물통을 앞에 갖다 놓고
헛 둘 헛 둘 국민보건체조한다
뒤늦게 올라온, 고시 공부를 하는 듯한 대학생이
줄넘기를 하고
아무튼 아침 산은
저 하계(下界)에서 올라온 욕망의 높이라고나 할까
서울 변방의 산은 욕망의 위계질서다

나무는 단단하다

사시사철 나무는 물질이다
나무는 단단하고 무표정하다
거무튀튀한 껍질은 무언가 맘에 안 든다는
무언가 거부하고 있는 듯한 기분 나쁜 표정이다
인상 꽉 쓰고, 나무는 사시사철……, 화해가 필요하다
나무는 억세고, 거칠다
기분 나쁘다 나무는, 원색적이다
나무는 굶주려 있다
부르터지도록 나무는 공기, 먼지, 소음, 냄새,
흙을 빨아 먹는다
타는 갈망이 나무를 푸르게, 푸르게 한다
푸르른 나무는 나무의 색이다
잠시, 나무는 정신이 든다

또 근황

한 이레 죽어라 아프고 나니
내 몸이 한 일흔 살아버린 것 같다
온몸이 텅텅 비어 있다
따뜻한 툇마루에 쭈그려 앉아 마당을 본다
아내가 한 평 남짓 꽃밭에 뿌려둔 어린 깨꽃 풀잎새가 시궁창 곁에 잘못 떨어져, 무위로, 생생하게 흔들린다
왜 저런 게 내 눈에 비쳤을까
나은 몸으로 다시 대하니 이렇게 다행하고
비로소 세상의 배후가 보이는 듯하다

아내의 편지

미숙아

잘 지냈니? 너의 출산 소식을 기다렸지만 편지 길도 끊겨 몹시 궁금했다. 거의 두 달이 다 되어가는데 아이는 잘 크는지?

그리고 광주엔 너무나 아픈 일들이 있어 혹시 동생 승철이라도 다치지 않았는지 빠른 생각이 미치는구나. 오월과 유월이 한 장에 담긴 달력에 이제 모든 괴로움의 순간들이 모질게 조금씩 정리되어간다. 오월의 그날들, 화염 속의 내 고향 광주. 비 내리는 뜰에 붉게 피어 있는 장미꽃이 저주스럽고, 기독교 방송은 종일 히브리 노예들의 합창을 들려주었다.

휴교 기간 중에 애 키우기에는 오히려 다행스럽기도 했겠구나. 네 집주소를 잃어버려 이렇게 학교로 띄운다만, 미덥지 않아서 말이 자꾸 끊어진다. 이해해라.

애 아빠는 들어가 있다. 오늘이 한 달째다. 성북(城北)을 다녀오면서 버스 속에서 조용필의 「창밖의 여자」를 듣는다. 차창 밖으로는 또 비가 내리고. 아무 일도 없었다는 듯 태연한 저 거리가, 이 세상이, 내가, 모두 물에 잠겨버렸으면! 내 마음이 사나워진다.

그이는 며칠 후면 다른 곳으로 이송될 모양이다.

우리 아이들은 잘 큰다. 다섯 살짜리 큰애는 개구쟁이다. 엄마를 때리고 엄마가 슬퍼서 울면 엄마 눈 아파? 하고 내 얼굴 전체에 다가온다. 여동생 우유를 빼앗아 먹고 그 대신 끔찍이도 제 동생을 귀여워한다. 제 아빠를 만나고 온 후로는 내 앞에서 일절 아빠를 찾지 않는다. 아이들이 먼저 비극을 알아버린 것 같아서 나는 가슴이 덜컹했다. 그렇지만, 73년 가을 그가 동대문에서 서대문으로 갈 때 그때보다 더 내가 침착할 수 있는 게 이 두 아이들 때문인 것 같다.

내 나이 스물에서 스물아홉에 이르는 시간 전부가 그에게 속해버린 지금. 혁대를 풀고 검정 고무신을 신고 심한 상처를 입은 듯 다리를 절고 있는 그이를 보는 순간, 나는 숨이 콱 막혔다. 내 살이 그이의 살이었다.

집으로 들어오는 길목에서 나는, 단속반에 쫓겨 리어카를 끌고 달리는 노점상들의 얼굴과 만났다. 저분들은, 그렇다, 지금 나보다 더 위급하다. 몇 포기의 상추를 따 와 길모퉁이에 자리 잡은 할머니는 급히 도망가는 리어카에 치여

발목을 다친다. 그렇다, 나는 그분들께 미안하다. 지금 내가 아픈 것은 나 혼자만의 상처가 아니다. 다친 할머니의 발목으로 집까지 걸어오는 사이, 이제 한 사람이 아프면 모두 아프다는 것을 알았다. 보이지 않는 데서도 아이들 우는 소리를 들을 수 있게 되었다. 어서 가자, 주둥이 벌리고 있는 나의 제비 새끼들에게. 주인 없는 집에서 오늘 저녁에는 아이들에게 상추쌈을 해주었다.

오늘은 너무 내 이야기만 했구나. 미안하다. 부엌에 가서 연탄 갈고, 또 혼자 울고, 그래서 몇 번씩 끊긴 글이다. 그러나 너한테 이렇게 씀으로 해서 나는 이미 다 위로받은 것 같다.

오월에 태어난 너의 아가에게, 의(義)에 굶주린 우리나라 모든 사람의 축복을 전하고 싶다. 생각나니? 우리가 하얀 하복을 입고 지산동 아카시아 숲길을 걷던 때. 넌 유난히 잘 웃고, 웃으면 염소처럼 빨간 잇몸이 다 드러났었지. 늦게 간 시집이니까 남편 사랑 많이 받겠구나.

여느 때 같으면 술꾼들의 싸움 소리가 요란할 텐데 오늘밤은 이 신림이 고요하기만 하다. 언제 우리 만나 서로 부둥켜안고 실컷 울어버리자.

6월 28일
너의 숙희로부터

밤 병원

나의 아픔은 엑스광선으로도 보이지 않는다
아픔은 채혈되지도 않는다
이 아픔은 세균이 만든 것이 아니다
내시경이 보고 나온 나의 내부, 거기에
괴로워하는 영혼이 있더냐
내 등짝에 들어 있는 부서진 각목들
내 흉부에 들어온 무수한 정권들,
불붙은 곤봉, 뜨거운 워커 발, 바께스 통,
욕설, 침, 피, 멍,
그 불빛, 불빛
역광 뒤에 있는 정체불명의, 꼭지가 완전히 돌아버린,
미친, 재앙의 날들. 들리더냐
김홍식, 너! 김진기, 너! 이민국이 너, 너!
벌거벗은 채 벽에 붙어 내가 너희를 부르던 날
그날의 아픔은 묘사되지 않는다
야근하는 젊은 인턴이 아무리 청진기를 갖다대 봐도
아픔은 들리지도 않는다
이 아픔 앞에서 나는 완전히 나뿐이다

아픔 앞에서 내가 내가 아니다
밤 2시, 진통제 주사를 맞기 위해
모 제약회사의 나무 의자에 앉아
어두운 낭하 저쪽, 암병동을 곁눈질로 본다
명부(冥府)의 긴 골짜기를 돌아 나오는 늙은 여인의 울부짖음,
아부지이 죽여주세요
아들아아 빨리 마약을 먹여다오, 잠들게
끊어다오, 찢어지려 하는 이 밧줄을,
정신이 지나가는 이 다발을
이 갈린다, 갈아 마셔도 시원치 않을,
내 너희를 어떻게 해야 용서하랴
어떻게, 어떻게 해야,
영안실 알루미늄관에 냉동된 사체(死體)가 되어
내가 누구를 사랑했다고 하랴
살아야지, 살아야지,
기어이 살아서, 용서해야지
이미 너희가 처벌받은 병력(病歷), 혹은 역사를 위해

살아서 걸어 나가야지
너무나 너무나 멀리 있는, 저 안 아픈 사람들의 거리로

참꽃

참꽃
참꽃이여 내 눈이 아프다 그대 만발은 방화 같구나
참꽃이여 눈물의 폭탄인가 그대 만개 앞에 내 얼굴이 확 확거리고
화주(火酒) 먹은 듯 내 가슴 확확 불 인다 참꽃이여
어찌하여 그대는 나를 참회의 감회로 처넣는가 나는 부끄러워
여러워서 차마 그대 만화방창을 다 지켜보지 못하겠다
두 눈 뜨고 보지 못하겠다
참꽃이여 그대, 아 꽃피는 계절은 참다 못해 터뜨린 대성통곡이구나
어찌하여 참꽃이여 그대 온몸으로 깔아놓은
꽃밭이 눈물바다인지
살아 있어서 그대 혈서 같은 화석(花席)을 대하니
산다는 게 용서를 빌어야 하는 시절이구나 그러나
어제는 오늘을 용서하지 않으며
오늘은, 빈 광장이여
역사는 부끄러워하지 않는구나

역사는 다만 의문이며 참꽃이여 그대 눈멀도록 저 앞산에
만개할 제 역사는 눈부신 익명이구나
역사는 익명으로 나를, 우리를, 호출하는구나
저 앞산 작고개 등심재 새재 등성이,
등성이에 불붙은 황홀한 참꽃들—
그대 앞으로 나아가 보리라 우리,
꽃 피어나는 것이 더 이상 슬픔이 아님을
참으로 참으로 꽃 피는 참꽃들을 향해.

담양

내 관절 속으로
산 너머 먼 비가 오려고 함
내 눈깔에 잔뜩 낀 먹구름
뒤안 대밭에 이는 소란한 부채 소리
대숲 상단에 새로 돋은
불붙는 연초록
외치고 싶도록 눈부심
바람 타는 숲 전체가 괴로움
이 속에 집 짓고 삶

서울로 띄우는 엽서 한 잎

공용현(孔龍賢) 대아(大雅)여
비 그치고 아침 햇살 앞에서 개안(開眼)하는
눈부신 텃밭,
아욱꽃과 무꽃 사이에
흰나비 파득거리고 있어요
폭우 퍼붓던 간밤엔
어디서 쉬었는지
날개에 물 한 방울 안 묻어 있어요
칠월 여드레
담양 수북(水北)에서
지우(芝雨)로부터
추신: 이젠 속이 보여요

잠자리야 잠자리야

감나무 아래 평상 갖다 놓고
늘어지게 한숨 잤다
마당엔 말짱한 여름볕, 부신 거울이다
이거 내가 잘못 깨어난 게 아닐까
다른 세상으로 내가 덥석 들어와버린 것 같다
앞집 상구네 대청에 크게 틀어놓은 라디오
다가와 내 발바닥을 빠는 형수의 똥개,
이런 것들이 나를 현세로 원위치시켜주긴 했지만
이건 지독한 환각이다
감나무 그늘은 이미 호박밭 쪽으로 이동,
나는 완전히 노출되어 있었다
꿈도 없고 환한 빛으로 가득한 잠
끝, 부서지는 여름 광휘에는
갑자기 여기서 꺼져버리고 싶은 역한 마음이 있다
빛 속에서 내 몸은 벌레들로 우글우글하다
이 몸을 바꿔버렸으면 털어버렸으면 환생했으면!
저 빛의 장막 뒤에 두고 온
육체 없는 진짜 몸으로

잠자리가 푸른 패랭이꽃 위에 앉을까 말까 한다
곤충의 겹눈에 들어간 내 덩치
나는 내가 들어갈 관 크기만큼 커져 있다

대밭에 드는 푸른 월색

밤 대밭은 무섭다
그 속에 너무 많은 것들이 들어 있다
수만 개의 창,
적의가 달겨든다
용서하소서
가까이 장성 산등성이 쪽에서 쿵[Kuŋ], 쿵[Kuŋ]
○○ 예비사 야간 포격 소리
확실한 것은 무섭지 않다
달빛 받아 빳빳해지는 댓잎
바스락, 소리를 벤다
대밭에 놀러 와 퍼렇게 물든 청풍

삶

비 온 뒤
도랑 가 고운 이토(泥土) 위에
지렁이 한 마리 지나간 자취,
5호 당필(唐筆) 같다
일생일대의 일 획,
획이 끝난 자리에
지렁이는 없다

나무관세음보살

논

큰비 물러간 다음, 논으로 나가본다
창평 담양 일대의 범람이여
논은 목숨이다
농부님은 이 숨 넘친 수평(水平)에서
자신의 노동을 뺀
생산비 이하의 풀포기들을 일으켜,
그래도 어쩌야 쓰것냐
살어라 살어라
하신다
멀리 제비들이 그에게 경례
한다
아픈 내 몸이 안 아프다
왜 그러지
물 위로 간신히 밀고 나온 연둣빛을 보니
살고 싶다
별안간

그리움

1

수북(水北) 잔등 너머 흰 갈대밭 속으로 곤두박질하는 달,
발가벗고 달려가고 싶다

2

대밭 그림자가 마당을 비질한다
티끌을 쓸어가는 바람
한밤에 깨어나 여물을 씹는 소의 핑경 소리 들린다
너, 살아 있었구나

노숙

빛을 만재(滿載)한 달이 텅 빈 산으로 들어간다
산이 환해지고
달은 텅 빈다
명산(明山) 공월(空月)
바라볼 수 없다
내 마음이 너무너무 난동을 부린다

물 먹은 달
지나가면서 연잎을 건드려놓는다
파란만장
구름 누에가 만월을 야금야금 갉아 먹는다
삽시간에 내가 없어져버린다

무명(無明), 무명
속물이 되자

수북(水北)을 떠나며

농약이 푸르게 만들어놓은 수북 논이여
그러나 나는 이 녹색에 의해 치유받고 떠납니다
약을 이긴 녹색 천지여
방풍의 대밭이여
풍진 세상에 푸르게 푸르게 살겠습니다
미치게 사람들이 보고 싶습니다

대흥사(大興寺) 봄밤

이상하게 이 산은 음란하다
어둑어둑하고 깊고 습하다
빠져나가자 어서
무슨 일 저질러버리기 전에
저 천불전(千佛殿) 네 모퉁이를 떠메고
달빛이 대흥사 밖을 빠져나간다
이후, 사람 그림자 하나 없다
빈집이여
빈 몸이여
내 나이 서른셋,
하룻밤 꿈꾸고 일어난 것 같구나
방금 들어선 산이 온데간데없다
또 마음이 장난치는가 보다
일천 개의 부처여
일천 개의 반죽과 일천의 형상이여
있을 때까지 있는 것들뿐이다

은하 속의 해동 전라남도, 해남 이길남 씨 집 뜨락

해남읍 성내리 이길남 씨 집 뜨락,
제재소에서 미송나무 켜는 톱소리 쌩쌩 들려오고
멕시코 신부가 와 있는 1930년대 식 천주교 돌담길
돌아가면 겨울 파밭이 새파랗게 질려 있는
성내리 양계장 이 씨 집 뜨락,
저녁 햇살이 노랗게 팽나무 가지를 도금(鍍金)하고 있는
그 집 뜨락,
양계하다 망하고 닭장을 개조하여 거기다가
주식회사 미원 해남읍 파견 직원 정 씨
광주지법 해남지청 김 주사
해남고등학교 국어 교사 허 씨
유학 나온 완도 학생들
을 집어넣어 하숙으로 먹고살고 있던 이 씨,
일주일 전 군청 앞에서 오토바이 사고, 죽었다.
상 나가고 그의 집 빈 뜨락에
산새 몇 마리 놀다가 해 질 녘 어느 지붕 밑으로
날아간다. 팽나무 가지 잠시, 흔들리고
불현듯 하늘에 도금된 조족(鳥足)이 찍혀 있는 게

보였다.
아아 여기도 사람이 살고 있었구나.

비닐 새

흐리고 바람 부는 날
언덕을 오르는 나에게
난데없이 대드는 흰 새를 나는
싹 피했다
피하고 보니, 나는 알았다, 누가 버린
농심 새우깡 봉지였다
칠십 세 이하 인간에게 버림받은 비닐
새,
비닐 새여
내 마음을 순찰하는 흰 새여
흐리고 바람 마음대로 부는 날의 언덕은

이 세상 참 가깝구나

그대, 부재를 위한 메모

1

「바다의 신비」, 케이비에스 제3방송, 20시.
화들짝 놀란 듯 수부(水夫)는 산소 거품을 몸 전체에 분출한다.
인간을 난생처음 보는 남극 심해어.
아, 거기도 꿈꾸는 풀이 있고
숨 쉬는 육신들이 있었구나.
그를 처음 본 사람의 이름을 넘겨받은 심해어는
게으른 지느러미로 바다 밑바닥을 비질하며,
유유히, 인간의 눈깔에서 떠나버린다.

2

심해어 같은 멍한 눈으로 상대를 보는 홍 여사는
47년째 독신으로 산다.
나와 이야기하는 순간에도 그녀는
다녀와야 할 슈퍼마켓과

덜컹거리는 수인선 협궤열차를 생각하고 있었다.
그녀는 자기 자신으로 꽉 차 있다.
천고(天孤), 천고.
저녁 때, 멀리 사람들 집에 불이 켜질 때,
그녀는 가장 못 견뎌했다.
신경질 나게 나 혼자였구나.
햇빛도 안 드는 추운 심해.

3

홍 여사가 포르투갈로 떠난 후
그녀의 방에 혼자 앉아본다.
빈방은 그녀의 사후를 가리키고 있다.
벽시계와 검정색 숄을 만져본다.
그녀가 남긴 서늘한 유품들, 형광 아래 빛나고
그대의 부재가 점화한 너무 늦은 그리움.
정선이, 정선이.

호박등

젊은 나이에 암 수술을 한 친구를 문병 갔다 온다.
그는 이미 알아챈 듯, 질린 얼굴이었다.
처음에는 나를 알아보지도 못했다.
그 앞에 다가오는 거(巨)한 그림자에 그의 신체 일부가
들어가고 있었다.
내 손에 놓인 그의 손,
짜식,
어린 시절 우리는 이 손 잡고 산으로 들로 쏘다녔었다.
반딧불 잡아 호박등 밝히며
우리는 밤길을 돌아왔었다.
너의 호박등이 다하기에는 아직 너무 이르다, 이 나쁜 놈아.
이 착하기만 착하기만 한 놈.
내 굶을 때 몰래 집으로 고구마 퍼다 주던 놈.
이 징헌 놈아. 살자, 살아. 이놈아.
나는 속으로만 부르짖었다. 굵은 핏줄이 돋은
그의 손이 내 손안에서 움직였다.
그가 내 손을 쥐었다.
느그들은 순리대로 살아라.

개새끼가 곧 죽을 모양으로 말했다.

그는 거침없이, 2년 남았대, 뱉는다.

밖으로 나와 대학병원 12층 불빛을 올려다보았다.

순리(順理).

그는 유복자였다. 이상하게도 그는 그의 아버지에 대해 한 번도 말한 적이 없었다. 우리는 1952년생 동갑이다.

순리.

늦여름 밤, 가을바람이 불었다.

이 세상의 마지막 바람 앞에서

나는 돌아서 담배를 붙였다.

깊은 상처에 성냥개비를 그어 보이듯,

불을 감싼 내 손은 환한 호박등이었다.

종로, 어느 분식점에서 아우와 점심을 하며

국수 두 그릇과 다꾸앙 한 접시를 놓고
그대와 마주 앉아 있으니
아우여, 20년 전 우리가 주린 배로 헤매던
서방 고새기 마을 빈 배추밭이 나타나는구나
추수가 수탈이었음을, 상실이었음을 그때 우리는 몰랐어도
다 거두어간 뒤의 허한 밭이 우리에게는 더한 풍요였다
내 입으로 벗긴 배추 등걸을 어린 그대에게 먹일 수 있었다
그대가 곱은 손으로 가리키는 곳에 경계가 있고
찬 저녁노을이 우리를 몰아낼 때까지 거기가
할퀸 우리 땅임을 몰랐으므로
아우여, 이농의 허천난 후예로서 우리는
가시 돋친 탱자나무 울타리 안을 노려보며
땅강아지같이 살아왔다
거지와 도둑이 사는 마을, 널니리 동네와 철로변 하꼬방 촌을
전전하며, 땅 바깥으로 삶을 내동댕이치는 울타리가
도둑질이며 도둑질을 하게 한다는 것을 알기도 전에
어느새 내가 울타리 안에 있음을

아까 악수하는 그대 손바닥이 알려준다

울타리를 치지 않기 위해서 밖으로 나간 아우여

국수를 한입에 몰아넣는 그대 앞에

나의 허기가 사기라는 것을,

아 어쩌다가 내가 시인이 되었을까,

국수와 설움과 쫓겨난 땅을 노래하는 일까지 극치의 사치라는 것을

아우여, 용사여,

두려워서 자백하는 것은 아니다

그대가 나간 길과 다른 나의 통로가 있기 때문이다

나의 통로, 나의 길

나는 늘 경계에 있었다

대구와 양산, 김해 혹은 영등포에서 빡빡 깎은 그대 머리를

대했을 때 우리는 깔깔 웃었다 그게 나에 대한 그대의 면책은

아니었다 면책이었다 그러나 그와 같은 경계가

나의 여편네, 새끼들, 그리고 그대와 나의 어머님, 지금도

해남에서 땅에 코를 박고 살아가고 있는 형님과

나 사이에도 있다 나의 분노는 슬픔을 지나온 것이다
나는 뚫고 가야 하리라
내 등을 그대에게 보이고 싶지 않다 그대가 먼저 떠나라
우리는 다꾸앙은 한 입도 대지 않았구나
빈 국수 그릇에, 그대와 나의 새벽 공복을
울리고 가던 송정리행 기적 소리

나의 누드

공중목욕탕에 앉아서 제 손으로 제 몸을 구석구석
훑어나가는 것은 한두 주일 동안의 때를 밀어내는
일만이 아니다. 일생이여. 이 부피만큼 살아왔구나.
질그릇처럼 아슬아슬하다. 대저
나는 무엇을 담고 있는가.
내가 있었던가. 나의 용적이 탕 밖으로 밀어내는 물?
거짓이 나를 만들어놨을 뿐,
두뇌의 격한 질투심. 열등감. 뭐 드러내기 좋아하는
허영으로 적재된 서른몇 해. 헐떡거리며 나는
하프라인을 넘어왔다. 살아 있다면 내 나이쯤 되는. 가령
전태일 같은 이는 성자다. 그의 짧은 삶이 치고 간
번개에 들킨 나의 삶. 추악과 수치. 치욕이다. 그의
우렛소리가 이 나이 되어 뒤늦게 나에게 당도했구나.
벼락 맞은 청춘의 날들이여. 나는 피뢰침 아래에
있었다. 나. 거기에 있었다.
그것은 선택이라기보다는 요행이었을 것이다.
내 속에 들어 있는. 묵묵부답인 소작농이여. 그는
그가 떠나지 못한 신월리(新月里) 북평(北平)의 방풍림

아래 윤 씨

  땅을 새마을 모자 차양으로 재어 가고 있을지도 모른다.

  혹은 이웃 도암재를 넘어 그는 장독 굽는 도공이 되려 했으리.

  그는 소목(小木)이었을까. 말없고 성깔 괴팍한 미장이였을까.

  아 그는 대처에 나와 그의 바람기로 인해 노가다가 되었으리라.

  극장 간판장이였거나 방직공장 경비원이었거나 철도 노동자였거나

  추운 삶의 시퍼런 정맥을 따라 청계천

  평화시장까지 흘러갔으리라. 그는 땔나무꾼. 껌팔이. 신문팔이.

  고물장수였었다. 역 뒤. 극빈의 검은 강가에서 사흘 밤과 나흘 낮은 빈 창자로

  서 있었고. 내장에 콸콸 넘치는 쓴 하수도. 뜨거운 내 눈알은

  붉은 회충 알들이 청천(靑天)에 날아다니는 것을 보았다.

어지러웠다. 현기증 사이로 본 부. 모. 형 제. 전 가족이
각각이 고아였다. 자원 입대한 형이 떠난 후
조개석탄을 주우러 침목을 세며 남광주까지 걸어갔었다.
생물(生物)을 가득 실은 여수발 화물열차가 지나가고
최저 생계 이하에 내려와 있는 차단기. 적신호 앞에
서 있던 불우한 날들이여.
풍진 세상 살아오면서 나는 내 삶에, 그러나
그 모든 날들을 부재로 만들어버렸다. 고백은 지겹다.
모든 자화상이 흉측하듯. 나는 내가 살던 노천을 복개했다.
캄캄한 여러 지류가 나를 지나갔다.
지나갔었다. 그리고 지나간다.
지금 나는 알몸이다.
내 손이 나를 만진다. 이것이 나다.
때를 벗기면 벗길수록 생애는 투명하다.
낫자국. 칼자국. 자전거에서 떨어져 무르팍에 남긴
상처가 내 몸과 함께 자라나고 있었다.
돌아다보니 몇 바가지 물로 나와 같이
목전의 자기 일생을 씻어내는 알몸들.

알몸들이여. 나의 현장 부재중인 '나'들이여.

그러나 등 좀 밀어달라고 나는 아직 아무에게도 말 못 하고 있다.

이태리타월을 들고 나는 한 노인의 등 뒤로 다가갔다.

닿지 않는 나의 등으로.

윤상원

위메, 강옥이, 배가 이상하네, 배가,
음, 으으으흠, 내 배를, 흑! 지나갔어,
뜨거운, 숙명, 어떤 일생이, 무쟈게 큰, 죄악이,
돌이킬 수 없는 방향으로, 나를 통과,
통과, 관통했네, 강옥이,
글고, 양현이,
손 한번, 잡세,
왜 이리, 먼가, 자네들, 화약의 손들, 내가,
저 빛 터지는 창으로, 내가,
완전연소된 삶으로, 막 빠져나가려 하네,
내 몸은 지금, 연기, 냉갈 같네, 자네들이,
무장무장, 멀리 보여,
달아오른 총구에서, 빠져나가는, 내 혼처럼,
내 혼의 번갯불같이, 자네들, 곧 오게, 오겠지만,
사방이 왜 이리, 갑자기, 고요한가, 양현이,
바깥은 정전인가,
바깥은, 지금, 몇 시쯤 되는가,
바깥은, 살아 있는가,

강옥이, 최초로 보는, 허공이, 보이네
새벽을 앞둔, 저 청정 허공, 지난겨울,
자네들이랑, 무등산 중봉, 눈밭에서, 보았던,
새벽을, 앞둔 그, 허공, 그 예감의 빛 속
으로, 가네,
나, 불화살 한 촉으로 저, 허공으로,
날아가는 동안도 온몸, 타지면서 날아,
날아가네, 날아가, 이 세상,
어느 들에 다시 떨어져,
나, 윤상원이, 글고, 자네, 자네,
우리, 들불로 번지세,
우리, 번개 치세,
우리, 다시 하세, 다시 살세,

좀 있다 보세,

들풀

고분고분,
굽실굽실,
잘도 구부러진다
이 구부러짐이 너
바로 너에 대한 굴복이 아니라는 것을
바로 너, 너에 대한 설득이라는 것을
너를 넘어서기 위함이라는 것을
잠깐 보여주기 위해서
옆구리에서, 초록의 비수 꺼내어
쓱, 갖다가 들이대는 야전(野戰)의
들풀, 뿌리까지 젖은, 등골이 오싹한
그러나 근거가 확실한 복수심이 파아란
망초꽃망울로 불똥 튀기도 하고,
내 칼날은 너를 벌 주려고 이렇게 퍼렇게 서 있다
네 칼날은 나를 쳐하려고 쩡쩡 운다
두 칼날이 맞닿는 순간의 서늘한 무지개,
즉, 들풀

돌아온 사월

들끓는 사월이여
눈부신 사월이여
목 타는 사월이여
목쉰 사월이여
세월이여 세월이여
지금은 순교의 때
지금은 순교의 꽃 피는 때
지금은 순교의, 만발하는 때
숨 가쁜 사월이여
숨 막힌 세월이여
지금은 꽃 피는 때
지금은 그 꽃이 그 잎을 아니라 하고
지금은 그 꽃을 그 열매가 아니라고 할
자기부정의 때
잎이, 꽃이, 열매가 자기부정하는 때
자기부정하여 나무의 전체가 되듯
우리가 전체인 때
      온몸인 때

지금은 몸소 나가는 때
   몸소 가는 때
   몸소 깨지는 때
아아 사월의 풀뿌리들이여
풀잎 속 푸른 비수여, 푸른 종루여
난타하는 종소리여
사월의 벗들이여
지금은 우리 온몸이 조준선 위에 드러난 때
지금은 우리가 과녁이 된 때
지금은 우리 앞가슴에 못 박히는 때
정통으로, 피하지 않고 이제는
받아들이는 때
맞서는 때, 탱탱하게 이제는
통나무에 몸 박혀 물과 피 다 쏟고 이제는
우리가 다시 되살아나는 때 이제는
우리가 몸 주는 때
   껍질 벗는 때
   새 몸을 받는 때 이제는

우리가 놀라운 변화를 겪는 때
슬픈 번데기가 어떻게 날개를 달고 전혀 다른,
  전혀 다른 삶 속으로 날아 들어가는가
  전혀 다른 미래 속으로,
희망 속으로, 어떻게 쳐들어가는가
아 사월의 호랑나비처럼
삶이여 변하라
이름이여 변하라
사물이여, 제도여, 세상이여 변하라
변하라 삼라만상이여, 물질이여, 기저여, 의식이여, 나여
변하라
전신이 칼날 되어 달겨드는 풀잎처럼
변하라
바람에 대들어 꺾이는 풀잎, 그러나
나 죽고 너 사는 풀잎처럼
변하라
들끓는 사월이여, 변하라
눈부신 사월이여, 변하라

목 타는 사월이여
변하라, 목쉰 사월이여
세월이여 세월이여
사
  월
    이
      여
       지금은 순교의 때
       변신의 때
       탄생의 때

어느 벗의 결혼식에 가서
―'귀소(歸巢)의 새 3'이라 부제를 달고

고압선 밑을 지나온 그대의 젊은 날,
문 닫은 골목길과 순댓국집과 그대가 쭈그리고 잠든
남의 소파를 지나
머리 둘 둥지 하나 없는 야생의 세월을 지나
그대 가슴에 채찍 받은 철창과 살 묻은 철조망과
그대가 부동자세로 꼬나본 철책선을 지나
그 환호하는 세월을 지나
그대 비로소 집에 당도했다
여기가 그대 집이다

이제 비로소 그대는 떠나도 된다
이제 정말 그대들은
'우리'가 된 그대들의 그대와 함께
합숙하며 떠난다
이 길 가파르고 이 길 숨 가빠도
혹은 반대로 이 길 너무 쉽고
가짜 길이 아닌가 의심하면서
욕망이 가리킨 길을 피하며

등화관제를 하는
통금 해제의 시대에
그때 잠자지 않고 깨어 있는 불빛이 그리워
애타고 헐떡이는
심장의 남포등으로
그대 이마에 서로 비추는
격렬한 사랑의 야경으로

이제 그대가 귀의한 이 땅의 딸과
이제 그대의 그대가 서식할 이 땅의 아들이
함께 날개 치며
함께 치솟는다
자유, 사랑, 그리움의 영공으로
내가 이 말을 끝내자마자
터져 나올 박수와 함께

(내가 이 말을 끝내자마자, 정말로 우레와 같은 박수가 터졌다)

봄 바다

봄 바다에 이름을 알 수 없는
노란 꽃잎들이
가득 흘러간다
노랑나비가 그 이상한 꽃에 홀려
일생으로 못 갈 바다를 따라간다
앞뒤 안 보고
더듬이로만
노란 그 목표물에 밀착해서
멋모르고 가다 보니
발 댈 곳 없는 물 위였다
불귀불귀(不歸不歸)
끝 간 데 없는 심연을
건너간다
이 작은 날개로
한 바다를 건너갈 수 있을까
봄 바다에 이름 없는 수천의 노랑
나비들이 가득 떠 있다
섬으로 가기 위해

노란 꽃과
노랑나비의
인해전술
목에 유채꽃 화환을 두른 섬이
녹색 바다에서 올라온다

출가하는 새

새는
자기의 자취를 남기지 않는다
자기가 앉은 가지에
자기가 남긴 체중이 잠시 흔들릴 뿐
새는
자기가 앉은 자리에
자기의 투영이 없다
새가 날아간 공기 속에도
새의 동체가 통과한 기척이 없다
과거가 없는 탓일까
새는 냄새나는
자기의 체취도 없다
울어도 눈물 한 방울 없고
영영 빈 몸으로 빈털터리로 빈 몸뚱어리 하나로
그러나 막강한 풍속을 거슬러 갈 줄 안다
생후의 거센 바람 속으로
갈망하며 꿈꾸는 눈으로
바람 속 내일의 숲을 꿰뚫어 본다

해설

동시대적인 것들의 '엑스폼'

이광호
(문학평론가)

 어떤 문학은 당대의 의미에만 갇혀 있지만, 어떤 문학은 그 동시대성 때문에 다시 태어난다. 1985년에 출간된 『겨울-나무로부터 봄-나무에로』를 40년 후에 다시 읽는다는 것은 아득한 시간을 가로지르는 독서의 모험이다. 1985~2025년 사이를 '동시대'라고 말할 수 있는 근거는 많지 않다. 그 시간 동안 세상은 너무나 폭력적으로 변하고, 무수한 탄생과 죽음이 벌어졌으며, 어떤 것들은 변하지 않고 놀랍게도 더욱 생생해졌다. 이 시집이 세상에 던져졌을 때, 그것은 분명하게 1980년대라는 사회·문화적 상황에 개입하는 것이었다. 이 시집은 지나칠 정도로 당대의 정치·사회와 그 언어적 현실에 밀착되어 있었다. 그런데 지금 이 시들이 여전히 '동시대적인 것'으로 읽힌다면, 그것은 왜일까?

황지우의 시적 작업은 두 가지 측면에서 전통적인 서정시의 토대 자체를 무너뜨리는 것이었다. 먼저 자기동일적 시적 자아의 권위가 무너진다는 점, 다른 하나는 서정적 순간을 다루는 것이 아니라 지극히 세속적인 사건들의 파편을 포착한다는 점에서 그렇다. 이런 이유로 황지우의 시들은 1980년대의 억압적 상황에 대한 당대적인 '응전'으로서 의미를 가지는 것으로 보였다. 과연 그것뿐인가? 황지우의 작업은 당대적인 맥락에서만 '급진적'이었던 것인가? 황지우 시의 낯섦은 이전에 없던 시적 언어를 창출하는 수준이 아니라, 시에 대해 우리가 알고 있다고 생각되는 가치 위계를 뒤집는 것이었다. 이런 예외적인 문학사적 사례는 아직도 '동시대'적인 함의를 갖고 있다.

동시대라는 개념은 '현대'와 '모던' 같은 매끈한 시간대를 말하는 것이 아니다. 동시대의 다층성은 '과거/현재'라는 이분법의 틀을 무너뜨리는 데에 있다. 동시대는 과거적인 것이 잔존하면서 현대적인 것들이 발생하는 비균질적인 시간대이다. 동시대 안에는 과거와 미래의 시간들이 교차하고 경쟁하고 뒤섞인다. 동시대적인 글쓰기는 동시대 안의 다층적인 불확실성을 받아들인다. 그런 글쓰기는 과거적 준거에도 의지하지 않고 미래에의 약속에도 속박되지 않는 예술적 실천이다. '동시대성' 안에서의 급진적인 시 쓰기는 단지 새롭다는 의미가 아니라 ─ 그 새로움은 곧 낡은 것이 되기 때문에 ─ 예술적 장치와 배치 들을 유동적인 것으로 만드는 정치적·미학적 에너지이며, 그것은 다른 '삶-언어'의 잠재성에 대해 열려 있다.

    그들은 결혼한 지 7년이 되며, 아들 제771104-156282호와 딸 제790916-244137호가 있다.
    애들아, 지금까지 어디 있었니? 나는 너희들을 사방에서 찾았단다.
    먹이와 교양을 찾아, 해골 표시가 있는 벼랑까지 갔다 왔어요. 학교 가기 싫어요.
    서울대학교 정치과 졸업생들은 동창회를 미국에서 한대.
    부디 몸조심하여라.
    나는 그가 남을 헐뜯는 것을 단 한번도 들어본 적이 없다. 이것만은 내가 자신 있게 말할 수 있다.
    그녀는 일본에 가본 적이 없지만, 마치 모국어인 양 거의 완벽하게 일어를 말한다.
    —「그들은 결혼한 지 7년이 되며」 부분

이런 시들은 믿을 만한 하나의 인격과 시점을 가진 화자가 등장하지 않는다. 삼인칭관찰자시점처럼 시작되는 글쓰기는, 갑자기 일인칭의 대사가 등장하고, 그 대사조차 맥락도 없이 분열적으로 진행된다. 시의 문장에서 비유와 숨겨진 의미를 찾아내려는 독서는 무기력해진다. 언뜻 무의미해 보이는, 전후 관계를 알 수 없는 문장들은 왜 이렇게 불쑥 등장하는 것일까? 문장의 전개는 절대로 예측 가능하지 않다. 시의 구성은 우발적이고 우연한 것들의 접속과 배치인 것처럼 보인다. 예측할 수 없는 언어들의 교차를 통한 기이한 결합들, 그 마주침이 불러오는 충돌의 잠재성이 이 시의 미학적 폭발력을 만들어낸다. 그것을 시적인 것들의 '돌발적인 출현'이라고 부를 수 있다. 문장들은 분열증적인 언어들의 나열처럼 보이기도 하지만, 그것이 한 사람의 언어라는 것도 단정할 수 없다. 여러 인물의 언어가 등장하는 대화적 장르로서의 소설의 반대편에서 시 장르를 독백적인 형식으로 규정한 이론이 있지만, 이 시는 여러 사람의 무의식과 욕망과 언어가 교차하는 '카니발'적인 것이 된다. 시가 될 수 있는 세계와 시가 될 수 없는 세계의 차별을 지우는 시 쓰기는 몽타주, 콜라주, 패러디, 다큐멘터리, 시각적 활자 구성 등 모든 언어의 방법론을 차용할 준비가 되어 있다. 일기예보, 해외 토픽, 광고 문안, 예비군 통지서, 연보 등 모든 사소한 현실의 정보와 기록 들은 시적인 것의 질료가 된다. 문제는 이런 시 쓰기가 구축하는 언어들이 독자에게 어떤 다른 방식의 시 읽기의 공간을 만들어내는가이다.

행복은 TV 광고 속에나 있다.
우리나라 모든 사람들이 공평하게 거기에 이를 순 없나요?
유학 나가는 친구들 출영했다. 김포공항 광장을 걸어 나올 때 직면하던 그 이상한 패배감 같은 것도, 그러나, 사우디 나가는 노동자들이 5열 종대로 '앉아 번호' 하던 광경을 생각하면, 사치다.

　이렇게 쓸쓸한 곳에서, 오지 않는 미래를 오래 기다리게 해서, 아내여, 미안하다. 아무래도 당신이 나를 잘못 따라온 것 같다. 줄이 안 보인다.

　　　　　　　　　　　　　—「그들은 결혼한 지 7년이 되며」 부분

　일상의 영역은 거의 자동화되어 있어서 그 안에 도사린 정치적 징후와 구조를 읽어낸다는 것은 쉬운 일이 아니다. 일상의 공간은 탈역사적·탈정치적이며 비시적(非始的)으로 구조화되어, 일상과 정치와 시는 완전히 다른 세계에 속한 것처럼 보인다. 비루한 일상의 무의미한 파편들은 마치 생활세계의 쓰레기처럼 서정시의 세계에서 추방된 것들이다. 그런데 이런 시 쓰기는 제도적인 시 언어가 배제한 것들의 간격을 일거에 넘어선다. 지배 체제의 이데올로기적 허위의식에 의해 주체화된 개인은 일상적 삶에서 진짜 '경험'을 박탈당한다. 허위의식들은 일상의 물리적 행동 양식 안에 새겨져 있다. "사우디 나가는 노동자들이 5열 종대로 '앉아 번호' 하던 광경"은 그런 이데올로기적 관습으로의 물리적 규범이다. 그 허위적인 행동 양식을 시의 텍스트로 끌어들일 때, 일상적인 것 안에 도사린 정치적인 구조는 징후적으로 드러나고 또한 균열이 만들어진다.

　현대 예술에서 생활의 소품에 불과한 것이 미술관에 오브제로서 옮겨지는 행위 자체가 '예술적' 사건이 되는 것처럼,

일상의 파편들은 시의 '다른 배치'에 의해서 정치적 날카로움을 얻는다. 당연하고 익숙하게 '자연화'되어 받아들여지던 일상의 장면과 소음 들이 시 안으로 들어오는 순간, '시적인' 사건이 된다. 정치의 공간과 일상의 공간을 분리시키는 속물성과 허위의식을 드러내고 충격하는 것은, 이 시를 읽는 독자들의 참여를 통해서이다. 서로 연관이 없는 듯한 정보와 언어 들 사이의 콜라주 혹은 몽타주는 전통적인 서정시 독법과는 '다른 커뮤니케이션'을 독자에게 제공한다. 그것은 서정시의 독법으로서의 감정적 동일시 메커니즘을 무너뜨리는 미적 단절을 통해 '낯설게하기' 효과를 만들어낸다. 황지우의 시들은 시와 독자 사이의 새로운 관계, 즉 비판적이고 능동적인 관계를 유도한다. 이때의 미학적 실효성이란 시와 독자 사이에서 자율적으로 존재하는 제3지대로서의 현실의 불연속과 간격을 체험하게 하는 것이다. 그것은 낯선 방식으로 시를 읽는 독자의 감각을 충격하고 해방시킨다. 황지우의 시는 독자의 열린 독서 행위 이전에 완성된 텍스트가 아니라, 독자의 참여를 통해 사후적으로 그 의미가 결정되는 텍스트이다.

    가상 적기 수대가 우리의 대도시로 오고 있습니다. 국민 여러분은 대피호로 안전하게 대피해주십시오. 뚜우— 뚜우— 시청 앞 나오십시오. 네, 여기는 시청 앞입니다. 시민들은 차에서 내려 질서 있게 지하도로 달려가고 있습니다.

—「14시 30분 현재」 부분

　민방위훈련의 공습경보 발령 방송은 국가권력이 국민의 의식을 통제하는 하나의 방식이다. 이런 훈련과 방송을 통해 지배 권력은 분단 상황의 억압을 일상적 삶 안에 새겨 넣는다. 이 방송에 의해 개인은 전쟁의 위험을 안고 있는 분단국가의 국민으로 이데올로기적으로 '호명'된다. 문제는 일상적 공간에서 이런 훈련 방송의 이데올로기적 함의를 비판적으로 문제화할 수 없다는 것이다. 그것은 이미 생활 안에 '물리적'으로 기입되어 있어서 자연스럽게 받아들여진다. 이 시는 위의 인용문에 이어 "찬아, 옛날 옛날에 영치기 소년이 살았단다. 걔가 마을 사람들을 미워하는 것은 아니었단다"와 같은 우화를 통해 이 방송이 거짓말쟁이 양치기 소년의 '경보'임을 강력하게 암시한다. 황지우의 시적 전략은 바로 이런 일상 현실 속에 기입되어 있는 지배 이데올로기의 물리적 관습과 '제의'를 시적인 공간으로 옮겨놓아 미적 단절과 거리감각을 만들어내는 것이다. 그것은 지배 체제의 언어들을 시적 언어로 '재전유'하여 그 언어들을 체제에 대한 칼날이 되게 하는 것이다.

　절망의 시한폭탄은 아니구요. 디 암파서블 드림예요. 가방이죠. 열어보라구요, 그러죠. 뭐 사건은 없어요. 아, 이게 뭐냐구요.

지식인을 위한 변명이죠. 아편은 아니구요. 온건하지요. 다른 저의는 없어요, 필독서에요. 은유가 전혀 없구요. 알리바이에 대한 일종의 옹호에 불과해요. 아, 이건 또 뭐냐구요. 한국 경제의 전개 과정이죠. 이젠 굶는 사람은 없잖아요. 외채는 할 수 없어요. 1인당 70만 원이라메요. 몇 사람이라도 집중적으로 배부르게 해야죠. 그게 성장의 총량을 명시적으로 늘리는 방법이죠.

—「아, 이게 뭐냐구요—'전화 이야기'풍으로」 부분

믿을 수 없는 화자의 횡설수설을 그대로 옮겨놓은 것은 그 안에 도사린 억압의 구조를 드러내려는 작업이다. 이 시는 긴급조치 등으로 시민들에 대한 검문검색이 일상화된 시대에 가방 검사를 당하는 상황을 설정한 것으로 보인다. 가방 안에 있는 물건들, 특히 국가권력 관점에서 '불온서적'으로 보일 수 있는 책에 대해 화자는 변명해야만 한다. 이것은 '온건한 시민'인가를 묻는 국가권력의 심문에 대해 응답해야 하는 억압적 상황을 의미한다. 검문검색이 일반화된 사태는 사상의 자유라는 측면에서 비민주적이고 비정상적인 것이지만, 이 시의 화자는 그 심문에 대해 거부하지 못하고 변명하는 횡설수설을 내뱉는다. 그것은 일종의 공포와 무기력을 반영하지만, 역설적으로 그 검문검색 자체를 둘러싼 억압적 구조를 폭로하는 방식이다. 비민주적인 군사 통치는 일상을 지배하는 규율 권력으로 현실화되고, 통제는 자연스럽고 정상적인 것으로 내면화하게 만든다. 규율 권력은 사상과 정보의 영역에서도 '불온한 것'과 정상적인 것을 구별하고 위험한 사상을 삭제하는 지식의 통제를 삶 안에 스며들게 한다. 이 시의 언어는 내면화된 억압적 언어를 통해 규율 권력의 통치성 자체를 기이하고 유동적인 것으로 만든다.

> 두 손 올리고 벌 받는 자세로 서서
> 아 벌 받은 몸으로, 벌 받는 목숨으로 기립하여, 그러나
> 이게 아닌데 이게 아닌데
> 온 혼(魂)으로 애타면서 속으로 몸속으로 불타면서
> 버티면서 거부하면서 영하에서
> 영상으로 영상 5도 영상 13도 지상으로
> 밀고 간다, 막 밀고 올라간다
> 온몸이 으스러지도록
> 으스러지도록 부르터지면서
> 터지면서 자기의 뜨거운 혀로 싹을 내밀고
> 천천히, 서서히, 문득, 푸른 잎이 되고
> 푸르른 사월 하늘 들이받으면서
> 나무는 자기의 온몸으로 나무가 된다
> 아아, 마침내, 끝끝내
> 꽃피는 나무는 자기 몸으로
> 꽃피는 나무이다
> ─「겨울―나무로부터 봄―나무에로」 부분

언뜻 전통적인 서정시와 유사한 형식처럼 보이는 시들에서도, 황지우의 시는 다른 미적 배치를 보여준다. '나무'라는 서정시의 익숙한 대상을 다루는 이 시가 폭발적인 에너지를 뿜어내는 것은 우선은 그 리듬감 때문이다. 나무의 성장은 인간의 눈에 보이지 않을 만큼 긴 시간에 걸쳐 조금씩 움직이고, 일반적인 서정시적 세계관에서 나무는 주변 환경의 도움으로 수동적으로 성장한다. 이 시에서 나무의 성장 리듬은 그런 익숙한 리듬 자체를 뒤집는다. 성장의 힘은 완벽하게 '내재적'인 것이며, "천천히, 서서히"라는 표현에도 불구하고, 극적이고 의지적인 것으로 표현된다. 그 성장의 에너지를 드러내주는 것이 긴 시간을 압축하는 이 시의 극적인 리듬감이라는 것은 말할 필요가 없을 것이다. 문제적인 것은 "나무는 자기 몸으로/나무이다"라는 선언의 세계관적 전환이다. 이 시는 나무에 인간적 감정을 동일시하는 일반적인 서정시의 인간중심주의 메커니즘에서 비껴 서 있다. 이런 상상력은 식물이라는 물질세계를 둘러싼 일종의 '정치생태학적 상상력'에 가깝다. 이 시의 에너지는 '사물-식물의 정동affective'에서 뿜어져 나온다. '생기적 유물론'의 관점은 인간과 물질, 인간과 객체의 위계적인 구분을 지우는 사물의 활력과 '인간적이지 않은 힘'에 주목한다. 인간만이 행위하고 의지하는 것으로 간주되었던 생태는 이질적 요소들이 약동하는 내재성의 평등한 존재론적 세계가 된다.[1] 이 시는 나무의 '인간화'가 아니라 내재적인 나무의 존재론, 혹은 '나무-하기'의 상상력에 해당한다.

> 새는
> 자기의 자취를 남기지 않는다
> 자기가 앉은 가지에
> 자기가 남긴 체중이 잠시 흔들릴 뿐
> 새는
> 자기가 앉은 자리에
> 자기의 투영이 없다.
> 새가 날아간 공기 속에도
> 새의 동체가 통과한 기척이 없다
> 과거가 없는 탓일까
> 새는 냄새나는
> 자기의 자취도 없다
>
> ─「출가하는 새」 부분

'출가'라는 표현은 당연히 인간적인 의미를 연상시키지만, 이 시가 재현하는 것은 가지에 앉았다가 아무 자취도 없

---

1 "두 번째 방향은 인간과 다른 신체에 (유익하거나 해로운) 효과를 **만들어내는** 사물의 행위성을 향한다. 유기적 신체와 비유기적 신체 자연의 대상과 문화적 대상 (이러한 구별이 여기서는 두드러지는 것은 아니다.) **모두가** 정동적이다. 나는 여기서 정동을, 일반적인 신체가 갖는 활동성과 반응성이라고 언급하는 스피노자적 정의에 기반하여 해석하고 있다"(제인 베넷, 『생동하는 물질: 사물에 대한 정치생태학』, 문성재 옮김, 현실문화, 2020).

이 날아가버리는 새의 신체적 움직임과 리듬 자체이다. 새의 '부재의 존재론'에 집중한다는 측면에서, 이 시는 황지우의 또 다른 대표작 「새들도 세상을 뜨는구나」(『새들도 세상을 뜨는구나』, 문학과지성사, 1983)보다 오히려 더 새라는 신체의 정동에 집중하고 있다. 새를 수동적인 대상이 아니라 내재적인 의지와 에너지를 가진 존재로 드러내는 것이다. 시의 리듬이 가지를 자취 없이 떠나는 새의 신체적 리듬 자체가 되려고 하는 작업이, 이 시를 새를 둘러싼 '부재의 존재론'이 되게 한다.

> 그 새는 자기 몸을 쳐서 건너간다. 자기를 매질하여 일생일대의 물 위를 날아가는 그 새는 이 바다와 닿은, 보이지 않는, 그러나 있는, 다만 머언, 또 다른 연안으로 가고 있다.
> ―「오늘날, 잠언의 바다 위를 나는」 전문

여기서는 "자기 몸을 쳐서 건너가"는 새의 존재론이 부각된다. 그 새가 날아가는 '연안'이라는 장소에 대해 생각해볼 수 있다. 연안은 바다와 육지의 경계인 해안이나 해변보다 넓은 개념이다. 바다와 육지 사이의 경계에서 여러 상호작용에 의해 영향을 받는 습지, 모래언덕, 내륙 절벽 등도 포함한 광범위하고 유동적인 지역이다. 새는 먼바다를 향해 날아가는 것이 아니라, "또 다른 연안"으로 날아간다. 바다와 육지가 서로 영향을 주고받는 생태학적 지역 안에서 새는 '겨울-나무로부터 봄-나무에로'처럼 '자기 몸'으로 날아간다. 이 새의 존재론에 어떤 인간적인 교훈이나 감정을 개입시킬 필요는 없다. 이 시의 제목이 "잠언의 바다 위를 나는"이라는 점은 더욱 흥미롭다. 잠언의 세계가 명시적인 교훈의 영역이라면, 새는 그 '잠언의 바다' 너머로 날아간다. 새의 운동 방식이나 '정동'은 "보이지 않는, 그러나 있는" 어떤 내재적인 힘의 작용이다. 그것은 명시적인 의미화의 영역 너머에서 '날고 있다'.

> 한국인은 누르면 눌린다고 누군가 말했다.
> 보다 의심스러운 것은 배후였다.
> 불타는 부산 미문화원의 배후에 구경꾼들이 몰려들고
> 대다수의 다수는 구경꾼일 뿐이었다.
> 액션, 스펙터클과 서스펜스. 개봉박두. 이게 현대 한국 정치사다.
> 미 국무성에서는 논평을 거부했다.
> 다만, 20일 자 사설이 '희망' '헌신' '사랑' '우정'의
> 꽃말에 '반공' '친미' '합의' '단언'이라는 팻말을 박았다.
> 자물쇠에 꽂힌 열쇠, 꽃말.
>
> ─「꽃말」 부분

공인된 정치의 영역에서 제도화된 언어들은 개인을 이데올로기적으로 호명하고 집단을 주체화하는 장치들이다. '반공' '친미' '합의' '단언' 같은 언어들은 그런 영역 속에 있다.

이데올로기는 사물과 언어에 대한 일종의 경직된 식별 체계이기도 하다. '꽃말'은 그 식별 체계에 대한 정치적 은유일 수 있다. "자물쇠에 꽂힌 열쇠"는 하나의 자물쇠 구멍에 대응하는 유일한 열쇠, 즉 하나의 사물이 하나의 의미만을 가져야 하는 경직된 언어 상황을 암시하기도 하는 것이다. 이런 억압적인 언어 상황을 둘러싼 미시-사건들을 통해, 이 시는 배제된 언어들을 침묵에서 건져낸다. 매끈해 보이는 것 같은 현실과 언어 사이의 부조화와 간격을 드러내고 그 몫을 갖지 못한 언어들을 다시 드러내는 것이다.

가까이 오라. 양변기에 앉아 똥 누는 자들이여. 밀리고 밀린 똥 냄새가 맡고 싶구나. 그대들은 이주일에게 침을 뱉고 그는 돈을 번다. 이게 원리 원칙이야. TV 시청료를 내지 맙시다. 현실을 착색하지 맙시다. 확실한 것은, TV는 공범자다. 벗이여, 이젠 나는 시를 폐업 처분하겠다. 나는 작자 미상이다, 나는 용의자이거나 잉여 인간이 될 것이다. 나는 그대의 추행자다. 아아, 나는 시의 무정부주의를 겪었고 시는 더 이상 나의 성소(聖所)가 아니다. 거짓은 나에게도 있다. 우리는 다시 레이건 치하에서 산다.
─「근황」 부분

'근황'이란 최근의 개인적인 상황을 의미하고, 이 시는 친구에게 자신의 근황을 전하는 형식을 취하고 있다. 그 언어들은 정리되어 있지 않고 일관되지 않으며, 개인적인 것과 사회적인 것이 뒤섞여 있다. 무의식적인 고백과 분열증적 언어들이 세속적인 정보들과 혼융되어 있다. TV와 시를 둘러싼 언어들은 황지우가 그의 시론에서 "매스컴은 반커뮤니케이션이다"[2]라고 선언한 것과 궤를 같이한다. 매스컴이 말할 수 없는 것을 배제하는 메커니즘에 속박되어 있다면, 시는 TV가 말하지 못하는 것, 혹은 TV의 언어 속에 스며 있는 지배 이데올로기를 드러나게 한다. 시론의 성격을 포함하는 위의 시에서, '나-화자'는 스스로 '작자 미상'이고 "시는 더 이상 나의 성소(聖所)가 아니"라고 고백한다. 고백이 일인칭 글쓰기에서의 '진정성'과 '자기동일성'이라는 규범에 연관되어 있는 것이라면, 스스로를 '작자 미상'이라고 규정하는 것은 동일한 인격성을 스스로 부정하는 것이다. 친구를 향한 이 시의 발화는 고백의 자기동일성을 해체하는 방식으로 말하지 못하는 언어들 사이의 진실의 틈을 드러낸다.

무의미해 보이는 현실의 부산물과 잡다한 양식 들을 시적 콘텍스트의 맥락 안에 옮겨놓는 황지우의 프로젝트를 모더

---

[2] "매스컴은 반(反)커뮤니케이션이다. 인간의 모든 것을 부끄럼 없이 말하는, 어떻게 보면 좀 무정할 정도로 정직한 의사소통의 전형인 문학은 따라서, 진실을 알려야 할 상황을 무화(無化)시키고 있는 매스컴에 대한 강력한 항제(抗體)로서 존재한다. 문학은 근본적으로, 표현하고 싶은 것을 표현할 뿐만 아니라 표현할 수 없는 것, 표현 못 하게 하는 것을 표현하고 싶어 하는 욕구와 그것에의 도전으로부터 얻어진 산물이기 때문이다. 그러면 표현할 수 없는 것을 어떻게 표현할 수 있는 것으로 만들까? 어떻게 침묵에 사다리를 놓을 수 있을까? **나는 말할 수 없음으로 양식을 파괴한다. 아니 파괴를 양식화한다**"(황지우, 『사람과 사람 사이의 신호』, 한마당, 1993. pp. 22~23).

니즘이라는 일반적인 규정에 가둘 수 없을 것이다. 황지우의 시는 예술의 자율성과 '반-미메시스'라는 문학 이념을 넘어서, 삶과 예술을 분리하지 않는 지독한 리얼리스트의 면모를 보여주기 때문이다. 황지우의 시들은 동시대에 밀착된 언어들의 다른 배치를 통해 체제가 배제한 것들을 구제하고 체제의 상징 질서를 교란한다. 황지우의 시 쓰기의 동시대적인 정치성은 특정한 정치적 사건과 사실을 비판하는 데 있지 않다. 시에서 나타는 것은 현실의 필연적인 구조가 아니라, 차라리 이 체제의 '공허'와 불안정성이다. 1980년대를 규정한다고 생각했던 '국가독점자본주의' 혹은 2000년대 이후의 '글로벌 자본주의'가 가진 공통점이 있다면, 현실의 불안정한 요소들을 추방하는 자본주의 이데올로기의 메커니즘으로 자리 잡고 있다는 것이다. 지배 이데올로기는 '존재'와 '경험'을 빼앗긴 개인을 체제가 호명한 그 자리에 그대로 묶어두는 재현의 방식으로 작동한다. 황지우의 시는 현실 체제를 닫힌 필연성으로 받아들이는 것이 아니라 우연과 돌발의 세계로 재배치함으로써 체제의 본성을 불안정한 것으로 만들어버린다. 그것은 이 세계가 불안정한 비결성의 세계임을 드러내고, 그 변화의 잠재성을 개입시키는 예술적 실천이다.

급진적이고 정치적인 예술은 세계를 불안정한 상태로 만듦으로써 사회와 개인을 구조화하는 규칙들을 무너뜨리는 무질서의 개입을 실천하는 것이다.[3] 예술비평가 니콜라 부리오는 버려진 것과 인정된 것, 상품과 쓰레기가 협상을 펼치는 지점이 '엑스폼'의 영역이고, 여기에서 미적인 것과 정치적인 것 사이에 진정으로 유기적인 연결이 만들어진다는 급진적인 이론을 고안한다.[4] 황지우의 시적 프로젝트는 이런 비평 개념 이전에 이미 실행된 것이다. 파편화된 기록들을 통해 비시적(非詩的)인 '잔해'들을 구제하는 황지우의 시적 몽타주와 아카이빙은 동시대적인 엑스폼의 영역을 미학화한다. 황지우의 시가 아니라면, 저 버려지고 무의미한 언어들이 시적인 것으로 재출현하는 사건은 일어나지 않았을 것이다. '나는 시를 추구하지 않고, 시적인 것을 추구한다'라는 황지우의 수행문은 한국 현대시의 가장 급진적인 선언이다. 황지우가 "문학과 정치는 동시대의 말을 공유하고 있다"[5]라고 했을 때, 그 진정한 함의는 그 말들을 발설한 시대 이후에 더

3 "예술은 세계의 비결정적 성격을 드러낸다. 예술은 위치를 바꾸어놓고 매듭을 풀어놓으며 존재하는 것들을 무질서와 시(詩)의 세계로 옮겨놓는다. 예술은 고정된 질서의 본질적인 취약성을 부각시키는 표상과 대항 모델을 만들어냄으로써 단순히 표어나 이데올로기를 중계하는 것보다 (구체적인 효과를 창출한다는 의미에서) 더욱 효과적이고 (정치적 현실의 모든 영역에 관여한다는 측면에서) 한층 더 야심찬 정치적 기획의 깃발을 휘날린다"(니콜라 부리오, 『엑스폼: 미술, 이데올로기, 쓰레기』, 정은영·김일지 옮김, 현실문화A, 2022, pp. 82~83).
4 "이것이 엑스폼exform의 영역이다. 그것은 버려진 것과 인정된 것, 상품과 쓰레기 사이의 경계에서 협상이 펼쳐지는 현장이다. 엑스폼은 '소켓'이나 '플러그' 가이 배제와 포함의 과정에 존재하는 접촉 지점을 명시하는 것으로, 반체제와 권력 사이를 부유하며 중심과 주변을 바꾸는 기호다. 추방 행위와 그에 수반되는 쓰레기는 엑스폼이 출현하는 지점이며, 바로 여기에서 미적인 것과 정치적인 것 사이에 진정한 유기적인 연결이 만들어진다"(니콜라 부리오, 같은 책, p. 11).
5 황지우, 같은 책, p. 22.

욱더 풍부하고 예리한 것이 되었다. 그것이 시와 정치의 영역을 구별 짓는 지배의 언어에 대해 얼마나 큰 파괴력을 가졌던가를 묻는 일은, 과거가 아닌 동시대에 관한 것이다. 황지우의 시는 "보이지 않는, 그러나 있는, 다만 머언, 또 다른" 시간으로 지금도 날아가는 중이다.

기획의 말

    1978년 출범하여 오늘까지 이어져온 '문학과지성 시인선'이 독자들의 사랑과 문인들의 아낌 속에 한국 현대시의 폴리스Polis를 이루게 된 사실은 문학과지성사에 내린 지복이기도 하지만 동시에 한국 시를 즐겨 읽는 독자들에겐 '상리공생(相利共生)'의 사안이기도 하다. 왜냐하면 한국 시의 수준과 다양성을 동시에 측량할 수 있는 박물관의 역할을 이 시인선이 해줄 수 있기 때문이다. 요컨대 여기는 한국 시의 '레이나 소피아Reina Sofia'이다. 시의 '뮤제오 프라도Museo Prado'가 보이지 않는 게 아쉽긴 하지만.
    그러나 '문학과지성 시인선'이 현대시의 개성들을 다 모아놓고 있다고 오연히 자부할 수는 없다. 시인선의 편집자들이 한국어의 자기장 내에서 발화하는 시의 빛점들을 포집하기

위하여 고감도 안테나를 드넓게도 촘촘히도 작동시켰다 하더라도, 유한자 인간의 "앨쓴"(정지용, 「바다」) 작업은 빈번히 누락과 착오로 인한 어두운 그늘들을 드리워놓기 십상이기 때문이다. 환상과 우연의 힘들은 완전하고자 하는 의지를 김 빼는 한편, 우리의 울타리 바깥에서도 시의 자치구들이 사방에 산재해 저마다 저의 권역을 넓혀나가고 있다는 사실을 확인케 해 새삼 우리를 겸허한 반성 쪽으로 이끌고 간다.

  모든 생명적 장소가 그러하듯이 시의 구역들 역시 활발한 대사 운동 끝에 팽창과 수축을 거듭하면서 크게 자라기도 하고 소멸되기도 한다. 때로는 구역의 진화와 시의 진화가 심히 어긋나는 때가 있으며, 그중 구역은 사용을 멈추었는데 시는 여전히 생생히 살아 있을 경우야말로 애달픈 인간사 그 자체가 아닐 수 없다. 외로 떨어진 시 덩어리는 우주선과 잡석들이 빗발치는 망망한 말의 우주에서 유랑자의 위상에 처하게 되고 갈 곳 모른 채 표류하다가 서서히 소실의 검은 구멍 속으로 빨려 들어가거나 완벽한 정적의 외진 구석에 유폐된 채로 그 자리에서 먼지로 화할 수도 있을 것이다.

  실로 한국 현대시 100년을 경과하면서 역사의 무덤 속으로 들어가기를 거절하고 삶의 현장에 현존하고자 하는 의지를 내뿜는 시 뭉치들이 이곳저곳에서 출몰하는 횟수를 늘려가고 있었으니, 특히 20세기 후반기에 출판되었다가 다양한 사연으로 절판되었거나 출판사가 폐문함으로써 독자에게로 가는 통로를 차단당한 시집들의 사정이 그러하여, 이들이 벌

겋게 단 얼굴로 불현듯 우리 앞을 스쳐 지나갈 때마다 우리는 저 시 뭉치의 불행과 저들과 생이별하여 마음의 양식을 잃은 우리의 불운을 한꺼번에 안타까워하는 처지에 몰리게 된다.

그리하여 우리는 '문학과지성 시인선' 내부에 작은 여백을 열고 이 독립 행성들을 우리 항성계 안으로 모시고자 한다. 이는 '시인선'의 현 단계의 허전함을 메꾸기 위함이요, 돌연 지구와의 교신망을 상실한 시 뭉치에 제2의 터전을 제공하기 위함이요, 독자의 호시심(好詩心)에 모자람이 없도록 하고자 함이니, 이 삼중의 작업을 한꺼번에 이행함으로써 우리는 한국 시에 영원히 마르지 않을 생명 샘의 가는 한 줄기가 될 수 있기를 소망한다.

이 작업을 통해서 우리는 옛것의 귀환이라는 사건을 때마다 일으킬 터인데, 이 특별한 사건들은 부족을 메꾸는 부정-보충적 행위를 넘어 새로운 시의 미각적 지대, 아니 더 나아가 새로운 정신적 지평을 여는 발견적 행동이 되고야 말리라는 것을 확신하는 바이다. 우리가 특별히 모실 이 시집들의 숨겨진 비밀이 워낙 많다는 뜻을 이 말은 품고 있거니와, 진정 이 시집들은 처음 세상에 모습을 드러내었던 당시 독자를 충격했던 새로움을 보존할 뿐만 아니라 같은 강도의 미지의 새 새로움의 애채를 옛 새로움의 나무 위에 돋아나게 해줄 것이 틀림없다. 그리하여 독자는 시오랑E. M. Cioran이 언젠가 말했듯 "회상과 예감réminiscence et pressentiment이 반대 방향으로

멀어지기는커녕, 하나로 합류하는"(「생-종 페르스Saint-John Perse」, 『예찬 실습Exercises d'admiration』 in 〈저작집Œuvres〉, Pleiade/Gallimard, 2011) 희귀한 체험을 생생히 누리리라 짐작하거니와, 이 말의 주인이 그 체험의 발생 주체로 예거한 시인을 가리켜 "모든 시간대에서 동시대인으로 존재하는 사람un contemporain intemporel"이라고 말했던 것과 마찬가지로, 이 체험의 신비함이야말로 모든 시간대에서 최고의 신선도로 독자를 흥분케 할 것이다.

그렇긴 하지만 우리는 이 재생의 사건들을 특별히 꾸리는 별도의 총서는 자제하였다. 그보단 우리의 익숙한 도시인 '문학과지성 시인선' 안에 포함시키고자 하는데, 우리의 '시인선' 자체가 늘 그런 신비한 체험을 독자들에게 제공해주기를 기대하기 때문이다. 다만 아주 시치미를 떼어서 독자를 정보의 결핍 속에 방치하는 우를 범할 수는 없는 연유로, 처음부터 시작하는 번호에 기호 R을 멜빵처럼 감쳐서, 돌아온 시집임을 표지하고자 한다. R은 직접적으로는 복간reissue의 뜻을 가리키겠지만 방금의 진술에 기대면 이 귀환은 곧 신생과 다름이 없어서, 반복répétition이 곧 부활résurrection이라는 뜻을 함축할 뿐 아니라 더 과감히 반복만이 부활을 가능케 한다는 주장까지 포함할 수 있을 것인데, 그 주장이 우리 일상의 천편일률적이고 지루하고 데데한 반복을 돌연 최초 생의 거듭남으로 변신시키는 마법의 수행을 독자들에게 부추길 것을 어림한다면, 그것은 아무리 되풀이 강조되어도 지나치지 않을 것이다. 더욱이나 어느 현대 시인은 "R이 없어서, 죽음은 말 속에서 숨 막혀 죽는다*Privé d'R, la mort meurt d'asphyxie dans le mot*"(에드몽 자베스Edmond Jabès, 『엘, 혹은 최후의 책*El, ou le dernière livre*』, 1973)는 촌철로 언어의 생살을 도려내었으니, R을 통해서만 언어는 존재의 장식이기를 그치고 죽음조차 삶의 운동으로 되살리는 것이다.

그러니 '문학과지성 시인선'의 새로운 R의 행렬 속에서 우리가 독자들에게 바라는 것은 이 한 글자의 연장이 무엇이든 그 안에 숨어 있는 한결같은 동작은 저 시인이 암시하듯 숨통 터주는 일임을 상기해달라는 것이다. 이 혀를 안으로 마는 짧은 호흡은 곧이어 제 글자의 줄이 초롱처럼 매달고 있는 시집으로 이목을 돌리게 해, 낱낱의 꽃잎처럼 하늘거리는 쪽들을 흔들어 즐겁고도 신기한 언어의 화성이 울리는 광경을 마침내 목격하고 청취하는 데까지 당신을 이끌고 갈 수 있을 터이니, 그때쯤이면 이 되살아난 시집의 고유한 개성적 울림이 시집에 본래 내재된 에너지의 분출이면서 동시에 그것을 그렇게 수용하고자 한 독자 자신의 역동적 상상력의 작동임을 제 몸의 체험으로 느끼게 되리라.

㈜**문학과지성사**